Helwig Brunner
Kathrin Passig
Franz Schuh
Die Kunst des Zwitscherns

Helwig Brunner
Kathrin Passig
Franz Schuh

Die Kunst des Zwitscherns

Aus der Reihe »UNRUHE BEWAHREN«

Residenz Verlag

Bibliografische Information der Deutschen Bibliothek
Die Deutsche Bibliothek verzeichnet diese Publikation in der Deutschen Nationalbibliografie; detaillierte bibliografische Daten sind im Internet über http://dnb.d-nb.de abrufbar.

www.residenzverlag.at

Umschlaggestaltung: Kurt Dornig
Typografische Gestaltung, Satz: Ekke Wolf, typic.at
Gesamtherstellung: CPI Moravia

ISBN 978-3-7017-1595-4

Inhalt

Thomas Macho

Die Kunst des Zwitscherns

Zur Einleitung

Viele Tätigkeiten verbinden sich durch Gewohnheit. Wir stehen auf, ziehen uns an, duschen, putzen die Zähne und trinken Kaffee. Duschgel, Zahnpasta und Espressomarke assoziieren sich wohl nur durch Routine. Andere Tätigkeiten verbinden sich in der Sprache, durch Wortspiele und Analogien. Manche Verben haben vergnüglich abweichende Bedeutungen, erst recht in verschiedenen Sprachen und Dialekten. So ähnlich ist es mit dem Zwitschern. Eigentlich zwitschern nur die Vögel; inzwischen können aber auch Smartphone- und Internetbenutzer »zwitschern«, genauer gesagt: »twittern«. Und schließlich können wir – zumindest in Süddeutschland oder Österreich – »einen zwitschern«, vielleicht nur ausnahmsweise am Morgen. Immerhin fällt es nicht allzu schwer, sich eine Person vorzustellen, die den Tag mit einem »Tweet« über den vergangenen Abend beginnt, dabei einen Schluck Alkohol – gegen die Auswirkungen des am vergangenen Abend erworbenen Katers – »zwitschert«, während vor dem Fenster die Vögel – in heiliger Dreifaltigkeit des Zwitscherns – ihren Morgengesang anstimmen.

Lohnt diese Fantasie schon ein Buch? Gibt das Zwitschern so viele Druckseiten her? Die Antwort lautet unbedingt: Ja, wenn so großartige Autoren das Thema traktieren. In alphabetischer Reihenfolge haben sie die Frühjahrsvorlesungen 2012 an der Akademie Graz (vom 12. bis 14. März) bestritten: Helwig Brunner, Grazer Autor und Lyriker, der Biologie und Musik studiert hat, Mitherausgeber der Literaturzeitschrift *Lichtungen*; Kathrin Passig, Journalistin und Schriftstellerin aus Berlin, Expertin für Fragen des Internets und der sozialen Medien, Mitverfasserin der Lexika des Unwissens und Anleitungen zur Prokrastination und zum Verirren; Franz Schuh, Dichterphilosoph und Essayist aus Wien, zuletzt mit *Der Krückenkaktus, Erinnerungen an die Liebe, die Kunst und den Tod*. Alle drei wurden mehrfach ausgezeichnet: Helwig Brunner mit dem Ernst-Meister-Förderpreis für Lyrik und dem Literaturstipendium des Landes Steiermark, Kathrin Passig mit dem Grimme-Preis und dem Ingeborg-Bachmann-Preis, Franz Schuh u.a. mit dem Tractatus des Philosophicums Lech, mit dem Goldenen Ehrenzeichen für Verdienste um das Land Wien und dem Österreichischen Kunstpreis für Literatur. Alle drei sind herausragende Kenner der neuerdings viel gelobten

Grenzüberschreitungen zwischen den Künsten und den Wissenschaften: im »Zwitscherchaos der Disziplinen«.

Zurück zum Zwitschern. Worauf könnte eine allgemeine Theorie des Zwitscherns abzielen, zu der Helwig Brunner, Kathrin Passig und Franz Schuh gleichermaßen beitragen? Zwitschern, so sieht es aus, ist eine Art von Operation, mit deren Hilfe öffentliche Räume strukturiert werden. Ein akustisches Signal zeigt irgendeine Anwesenheit an. Ein Vogel sagt: Hier bin ich. Ein Handy meldet einen Anruf. Ein Sender teilt einem Empfänger mit, dass er ihm eine Nachricht geschickt hat oder zu schicken beabsichtigt; er übermittelt ein metakommunikatives Signal, dessen Funktion einzig und allein darin besteht, die eigentliche Kommunikation anzukündigen. Eine SMS zwitschert. Der Zwang zur Metakommunikation kann sogar Rundfunk und Fernsehen erfassen: Im Katastrophenfall fahren Polizeistreifen mit Sirenen und Megafonen durch die Straßen, um die Bürger aufzufordern, ihre Radio- und Fernsehgeräte einzuschalten. Wir kennen viele Beispiele solcher Strategien; sie kommunizieren schlicht und einfach, dass kommuniziert werden soll. Im intimen Bereich sind es häufig Blicke, verliebte oder zornige Gesten, die ein Gegenüber einladen oder sogar zwingen können, sich auf ein Liebes- oder Streitgespräch einzulassen. Doch überall, wo nicht klar ist, an welchem Ort sich die potenziellen Kommunikationspartner aufhalten, sind laute akustische Zeichen effektiver.

Metakommunikative Signale sind darum so wichtig, weil sie dazu beitragen, direkte durch indirekte Kommunikation zu ersetzen. Auch in der direkten Kommunikation *face-to-face* sind die Signale, dass wir einander hören und wahrnehmen, dass wir auch etwas zum Gespräch beitragen wollen, dass wir einverstanden oder nicht einverstanden sind mit dem Gesagten, unverzichtbar; doch werden diese Signale durch kurze Interjektionen (mhm, ja, nicht wahr), Gesten der Zustimmung oder des Widerspruchs – fast unmerklich – ausgetauscht. Erst die Etablierung indirekter Kommunikationsordnungen, die Abwesenheit der Autoritäten, das Fehlen der Befehlenden, zwingt zur Ausarbeitung komplexer metakommunikativer Codes. Im Spätmittelalter waren die Stadtbewohner daran gewöhnt, diverse Glockensignale zu beachten: Während die Kirchenglocken den Beginn, den Höhepunkt oder das Ende der Kommunikation mit Gott markierten, riefen Gemeindeglocken zu gemeinsamer Beratung, die Werkglocken verkündeten den Arbeitsbeginn oder Feierabend, und die Schmiedeglocken priesen das Ende der Lärmbelästigung durch Handwerker. Wein- oder Bierglocken läuteten die Sperrstunde ein; Zinsglocken mahnten die säumigen Steuerzahler, und Marktglocken erklangen bei der Öffnung und Schließung des Marktes.

Wie könnte eine Geschichte der akustischen Signale geschrieben werden, die als metakommunikative Codes fungieren? Ein leises Klingeln ruft die Kinder zur Bescherung unter den Weihnachtsbaum; ein Gongschlag eröffnet die nächste Runde im Boxring. Pausenzeiten in der Schule oder in der Oper werden ebenso akustisch markiert wie der – mit drei Hammerschlägen – vollzogene Abschluss einer Auktion. Und nicht umsonst operierten die Konditionierungsexperimente des russischen Physiologen (und Nobelpreisträgers für Medizin) Ivan Petrovic Pawlow mit Klingelzeichen; auch die Hunde ließen sich bald daran gewöhnen, dass ein bestimmtes Geräusch die Fütterung ankündigte und ihren Speichelfluss vermehrte. Heute brauchen wir fast keine Glocken oder Klingeln mehr. Doch zunehmend leben wir in akustischen Signalräumen, in denen alle Akteure ihre Jingles brauchen und einsetzen. Nicht alles fließt, aber alles zwitschert. Wer zwitschert, nimmt Stellung: auf dem Baum, im Netz, in der Kneipe – oder in einem Buch. Wer zwitschert, besetzt einen Platz, mit Gesängen, mit Zitaten, mit Botschaften im Umfang von maximal hundertvierzig Zeichen, mit der Bestellung des nächsten Doppelten. Nicht einmal der einsamste Trinker ist übrigens von dieser Regel ausgenommen; im traurigsten Fall spricht er nur mehr mit sich selbst, vielleicht dennoch voller Zorn: ein Machttrinker, der – wie Franz Schuh treffend und einfühlsam bemerkt – »zum Zerstören am Ende nur sich selber hat«.

Helwig Brunner

»Das Zwitscherchaos eines ganzen Jahres«

Undisziplinierte und interdisziplinäre Annäherungen an ein bioakustisches Phänomen

Verfügt das Tier nicht nur über Zeichen,
sondern auch über eine Sprache, und welche?
Stirbt das Tier? Weint es? Trauert es? Langweilt es sich?
Lügt es? Verzeiht es? Singt es? Erfindet es?
Erfindet es Musik? Spielt es Musik? Spielt es?
JACQUES DERRIDA: *Das Tier, das ich also bin*

1 Vorgezwitscher

Es ist schon lange nicht mehr über meine Lippen gekommen. Nicht das Zwitschern selbst, ich kann ja nicht zwitschern (können Sie etwa zwitschern?), sondern das Wort

»zwitschern«, diese seltsam zischelnde oder gar tschilpende Lautfolge, die im unbeholfenen Versuch der Lautmalerei nicht an jene weit eloquenteren Lautäußerungen heranreicht, die mit dieser Vokabel üblicherweise gemeint sind. Und damit wir uns gleich richtig verstehen: Nur von der akustischen Ausprägung des Zwitscherns soll in diesem kleinen Aufsatz die Rede sein, von jenem Zwitschern, das aus einer Vogel- oder sonstigen stimmbegabten Kehle ins Freie tritt, nicht aber von jenem Zwitschern, das den umgekehrten Weg kehlabwärts nimmt – um dann nicht selten indirekt, auf dem Umweg über die Blutbahn, weniger wohltönende Gesänge in Gang zu setzen. Wir reden hier also stocknüchtern und puritanisch vom *Urzwitschern*, vom *Zwitschern ersten Grades*, vom naturgegebenen *Primärzwitschern*.

»Zwischen zwei Zwetschkenzweigen sitzen zwei zwitschernde Schwalben«, weiß der Volksmund zungenbrecherisch zu berichten, wobei ich weder sagen könnte, wo das Volk seinen Mund hat, noch, wie man zwischen Zweigen sitzen kann; dort kann, wer eine Schwalbe ist, allenfalls fliegen, sofern die Zweige nicht zu eng stehen, aber sitzen lässt es sich nur auf den Zweigen, das gilt sogar für so luftig-leichte Geschöpfe wie die Schwalben. Worauf ich aber hinaus will: Das Zwitschern der Schwalben klingt in der Tat noch am ehesten wie ebendieses Wort: hell und freundlich, ein bisschen verhaspelt und vernudelt, ziemlich geräuschreich und nicht allzu melodiös. Insofern hat der Volksmund schon recht, wenn er ausgerechnet den Schwalben das Zwitschern nachsagt.

In der Regel klingt Zwitschern aber überhaupt nicht wie »Zwitschern« und umgekehrt. Wenn wir auf einem Frühlingsspaziergang durch einen halbwegs naturähnlichen, noch nicht völlig kaputtgeforsteten Wald zu unserer Begleitung sagen: »Hör nur, wie hübsch es hier überall zwitschert«, dann meinen wir nichts, was auch nur annähernd dem vermeintlich lautmalerischen Wort ähnelt. Falls uns diese kleine Diskrepanz stört, können wir, gewisse ornithologische Grundkenntnisse vorausgesetzt, um einer flüchtig imaginierten Genauigkeit willen sagen: »Hör nur, wie hübsch hier die Reviergesänge der beiden Rotkehlchen, des Buchfinken, des Zaunkönigs und des Wintergoldhähnchens klingen.« Das würde uns aber nicht nur den Verdacht der Klugscheißerei einbringen, sondern wäre zudem tatsächlich nicht viel hilfreicher als jener landläufige erste Satz. Denn was heißt schon hübsch, wenn es um die territoriale Selbstbehauptung und das Partnerwerben von Singvögeln geht, und was helfen schon Namen und die Aufforderung, ihren Trägern zu lauschen, wenn das etwas höhere Semester an unserer Seite die feine Gesangsstrophe des Wintergoldhähnchens vielleicht gar nicht zu hören in der Lage ist und auch keine Ahnung hat, wie dieser kleine *Hervorbringer des Unhörbaren* überhaupt aussieht. Ob außerdem die erfolgreich um fachliche Korrektheit bemühte Bezeichnung »Gesang«, die uns unvermeidlich in Kategorien menschlicher Musikalität verstrickt, dem bioakustischen Phänomen, von dem wir sprechen, wirklich näher kommt als unser arglos dahingesagtes

»Zwitschern«, bleibt ebenfalls dahingestellt. Gerade in unserem zweiten, um mehr Genauigkeit und so etwas wie Objektivität bemühten Satz würde deutlich, wie unangemessen die anthropozentrische Vereinnahmung des Zwitscherns durch ein oberflächliches Geschmacksurteil (»hübsch«) letztlich ist und wie sehr das Naturphänomen und unser Sprechen darüber auseinanderklaffen; aber in den Belangen, über die wir eigentlich reden wollten, wären wir, abgesehen vielleicht vom nomenklatorischen Reiz der Benennung einiger Vogelarten mit ihren freundlich-verspielten Namen, auch nicht wirklich weitergekommen, soll heißen: Über das *Zwitschern an sich* wäre noch nichts gesagt.

Das alles spielt aber überhaupt keine Rolle, denn im nächsten Moment reden wir sowieso wieder von etwas anderem. Die Vokabel »Zwitschern« hat irgendwo an einem entfernten Rand unseres Wortschatzes auf ihre beiläufige Verwendung gewartet und sich, kaum ausgesprochen, sofort wieder dorthin zurückgezogen. Jetzt werden wieder viele Wochen ins Land und viele Vögel nach Afrika ziehen, ohne dass wir auch nur ein einziges Mal vom Zwitschern sprächen. So behält es immerhin, wie andere seltene Wörter, den Reiz des Unverbrauchten, ja weitgehend Unentdeckten.

2 Noch mehr Lautmalereien

Nicht wenige Vögel tragen Namen, die ihren Lautäußerungen nachempfunden sind. Da ist der Zilpzalp, ein unscheinbares grünlichgraues Vögelchen aus der Verwandtschaft der Laubsänger, der unserem Hörempfinden nach tatsächlich ungefähr so singt, wie er heißt. Da ist der Stieglitz, ein clowngesichtiger Finkenvogel, dessen hell klingelnde Rufe mit »stigelitt« umschrieben werden können, während sein Zweitname Distelfink auf eine Vorliebe für Disteln und andere nahrhafte Samen tragende Hochstauden hinweist. Da ist der Uhu mit seinem wissenschaftlichen Namen *Bubo bubo*, und beide Bezeichnungen imitieren unverkennbar die dumpfen Balzrufe dieser weltweit größten Eulenart, die schon im Spätwinter vorgetragen werden und kilometerweit zu hören sind. Und da ist natürlich der Kuckuck, den bereits jedes Kind zumindest dem Namen nach als probaten Duettpartner des Esels kennt und den doch in seiner recht heimlichen, scheuen Lebensweise auch so mancher Erwachsene noch nie zu Gesicht bekommen hat. (Wie steht es mit Ihnen: Kennen Sie die an einen etwas zu kleinköpfig geratenen Sperber erinnernde Gestalt des Kuckucks, die ebenfalls sperberähnliche Bänderung seiner Brust, seinen zügigen Flug, der ihn, einmal aufgescheucht, rasch außer Sichtweite bringt?)

3 Der Wurm im Vogelgedicht

Einer Begegnung mit dem Kuckuck hat Tomas Tranströmer, der schwedische Lyriker und Nobelpreisträger, eines seiner nicht besonders zahlreichen Gedichte gewidmet. In diesem kleinen Text mit dem Titel »Der Kuckuck« [1] – eigentlich ein Prosagedicht oder ein Stück lyrischer Prosa, wie immer man jenes hybride Genre bezeichnen mag, das beides will: dichten und erzählen – berichtet Tranströmer: »In der Birke gleich nördlich vom Hause saß ein Kuckuck und rief. Er war so laut, dass ich erst glaubte, ein Opernsänger gebe eine Kuckuck-Imitation. Mit Staunen sah ich den Vogel. Die Schwanzfedern bewegten sich bei jedem Ton auf und ab, wie der Schwengel einer Pumpe. Der Vogel hüpfte mit geschlossenen Füßen, drehte sich um und schrie in alle Himmelsrichtungen. Dann hob er ab und flog leise fluchend über das Haus und weit weg nach Westen … Der Sommer altert, und alles verfließt zu einem einzigen wehmütigen Rauschen. *Cuculus canorus* kehrt zurück in die Tropen. Seine Zeit in Schweden ist vorbei. Lang ist sie nicht geworden! In Wirklichkeit ist der Kuckuck ein Bürger von Zaire … Ich bin nicht mehr so närrisch aufs Reisen. Aber die Reise besucht mich.« Tranströmer spricht über den Kuckuck und im nächsten Moment über sich selbst, ordnet sich zunächst als staunender Beobachter der Beobachtung unter und drückt ihr dann doch den Stempel subjektiver Interpretationen und Assoziationen auf. In gewisser Weise setzt er damit die Tradition fort, den Vogelgesang dort, wo er im Gedicht oder allgemein in der Literatur auftaucht, zur Projektionsfläche menschlicher Befindlichkeiten, ja sogar menschlichen Schicksals zu machen. Und doch bricht er gleichzeitig auch mit dieser Tradition, indem er sauber trennt, was Natur ist und was Mensch, was der Vogel, was seine, Tranströmers, Wahrnehmung von ihm und was der persönliche Gedanke, der daran anknüpft.

Meist fällt der Blick der Dichter (vielleicht auch der Dichterinnen, doch dazu liegt mir kein passendes Beispiel vor) auf die Natur allerdings weniger umsichtig aus, gerät dann möglicherweise zur Vereinnahmung, indem etwa dem zwitschernden Vogel menschliche Gefühle untergejubelt werden. Derartiges findet sich etwa im Gedicht »Schneegesicht« von Thomas Rosenlöcher: »Am schönsten ist der erste Schnee, / sprach ich und ging. Ich kannte eine Stelle, / wo sich der Weg, strauchüberwölkt, verengte. / Und wirklich war das schneeverflochtne Holz / das Zwitscherchaos eines ganzen Jahres, / und noch aus kleinsten Höhlungen / piepten mir Wesen voller Angst entgegen.« [2] Man darf diese Zeilen durchaus als stimmungsvoll empfinden, möchte das Gedicht vielleicht als gelungen bezeichnen – Rosenlöcher ist ja auch kein Niemand unter den Dichtern –, und doch wird angesichts der Art, wie der Dichter hier vorgeht, auch ein gewisses Unbehagen nicht ausbleiben, was die Redlichkeit der poetischen Aussage betrifft. Die beschriebene Situation lässt sich leicht ausmalen: Ein Meisenschwarm, wie er sich in der kalten Jahreszeit zusammenfindet, turnt in den verschneiten Zweigen über besagtem Weg umher, man hört die hohen, feinen Kontaktrufe, die den Zusammenhalt des Schwarms gewährleisten, auch den einen oder anderen Warnruf angesichts des herannahenden Dichters, denn Dichter sind, wie man nicht nur als Meise weiß, gefährlich. (Anstelle der Meisen kämen auch Stieglitze, Bergfinken, Hänflinge und andere, im Winter Schwärme bildende Vogelarten infrage. Ihre Lautäußerungen wären aber vom Dichter wohl kaum als Piepen beschrieben worden, zudem hätten sie bei seiner Annäherung aufstiebend das Weite gesucht, was im Gedicht wohl nicht unerwähnt geblieben wäre.) Was die Vögel allerdings an einem Wintertag aus jenen kleinen Baumhöhlen piepen lässt, die sie zu ganz anderer Jahreszeit für ihr Brutgeschäft nutzen, und was, abgesehen von den angesprochenen, allerdings nicht piepend klingenden Warnrufen, den Dichter dazu berechtigt, von »Wesen voller Angst« zu sprechen, bleibt ebenso unklar wie die Frage, was den im Gedicht beschriebenen Wintertag dazu befähigt, das »Zwitscherchaos eines ganzen Jahres« im verschneiten Zweigdickicht zu versammeln. Allein das Gehirn des Dichters selbst, der jenen Weg auch zu anderen Jahreszeiten gegangen ist, vermag in der Erinnerung eine solche Zusammenfassung zu leisten. Ob hier dichterische Freiheit geltend zu machen oder doch eine willkürliche Deformation des Naturgeschehens zu konstatieren ist, wird jeder Leser, jede Leserin für sich entscheiden. Ersteres mag einer Beliebigkeit der poetischen Aussage das Wort reden, Letzteres ein wenig kleinlich erscheinen – in jedem Fall wirft eine solche dichterische Sprechweise mögliche Probleme auf.

An anderer Stelle finden wir die Vogelstimme noch viel unverblümter in den Dienst poetischer Absichten gestellt. In fast schon frivoler Dreistigkeit bemüht Michael Augustin in seinem Gedicht »Fünf Uhr früh« die synästhetische Fantasie seiner Leser, wenn er schreibt: »Im Baum vorm Haus / zwitschert / ein erstes Gedicht.« [3] Interessanterweise bleibt das Unbehagen, von dem oben die Rede war, hier aus; zu offensichtlich ist die Bruchlinie zwischen Realität und poetischer Umdeutung dem Gedicht eingeschrieben, zu unmissverständlich begleitet ein Augenzwinkern die dichterische Aneignung des Vogelgesangs bzw. des Vogels selbst, als dass sich noch die Frage nach der Zulässigkeit solcher Vereinnahmung stellen würde. Hier wird Natur nicht bloß zur Projektionsfläche gemacht, sondern mindestens ebensosehr als solche thematisiert und ironisiert. Eine Ausdeutung der dichterischen Intentionen könnte in etwa folgendermaßen lauten: »Ich höre am frühen Morgen im Baum vor dem Haus einen Vogel zwitschern, empfinde dieses Zwitschern als belebend (auch wenn ich vielleicht ganz gerne noch weiterschlafen würde) und möchte dem so gewonnenen positiven Lebensgefühl mit einem Gedicht Ausdruck geben, ohne mich als Dichter dabei allzu ernst zu nehmen oder gar einer romantisierenden Schreibhaltung verdächtig zu machen. Gleichzeitig will ich auf den sonderbaren Vorgang hinweisen, mit dem wir Menschen und insbesondere wir Dichter uns die Natur unter den

Nagel zu reißen pflegen.« Augustin erspart uns diesen Sermon, er setzt sein Gedicht geradewegs in den Baum und lässt es zwitschern. Chapeau!

Sicher ließe sich beim Stöbern in den unüberschaubaren Weiten der Poesie – rund 3000 deutschsprachige Lyriktitel erscheinen jedes Jahr – noch so manches Beispiel finden, wie Vogelgesänge in dichterischer Absicht thematisiert, interpretiert und instrumentalisiert werden. In der Mehrzahl der Gedichte, in denen gezwitschert wird, stellt der Vogelgesang allerdings bloß ein oberflächliches Stimmungskolorit dar, das nicht weiter hinterfragt mit Glück, Fröhlichkeit und Unbeschwertheit, Naturidyll und Frühlingserwachen konnotiert wird.

4 Das Zwitscherchaos der Disziplinen

Kommen wir nochmals auf Genauigkeit zu sprechen. Sie könnte, dachte ich zunächst naiv, der Schlüssel zum Erfolg sein, wenn es darum geht, ein Thema, das im Bewusstsein der meisten Menschen nur als Frühlingsmarginalie existiert, in der gebotenen Ausführlichkeit zu entfalten – immerhin gilt es, hier ein Drittel eines Buches vollzuzwitschern. Was aber kann Genauigkeit sein, wenn die Zuständigkeit *eines* Fachgebietes, somit auch *eines* Vokabulars und *einer* diskursiven Herangehensweise so wenig gegeben ist wie hier? Das »Zwitschern« liegt in der

Überlappungszone so verschiedener Fach- und Denkrichtungen, so unterschiedlicher Reflexionsniveaus von der unmittelbar sinnlichen Wahrnehmung bis hin zur wissenschaftlichen Analyse oder künstlerischen Transformation, dass allein schon die Wahl eines Sprachregisters, das dem Phänomen umfassend gerecht werden soll, nicht selbstverständlich gelingt. Wie also sprechen über das Zwitschern? Eine sachliche, für verschiedene Terminologien offene, doch gleichzeitig auch ästhetisch und poetisch durchlässige Sprache sollte es wohl sein, wenn nicht von vornherein eine Eingrenzung auf eine fachdisziplinäre Sicht, beispielsweise die biowissenschaftliche, allein durch die Wahl der Mittel festgeschrieben werden soll.

Die Blickwinkel, aus denen ein vermeintlich so simples Phänomen wie das Zwitschern betrachtet werden kann, sind tatsächlich erstaunlich vielfältig. Zunächst ist es ein Klangereignis, das im Rahmen der Akustik in seinen physikalischen Qualitäten – der Tonhöhe als Ergebnis der Grundfrequenz, der Klangfarbe als Resultat des Obertonspektrums, der Lautstärke als Ausdruck der Schallenergie und dem mehr oder minder melodischen Verlauf der Frequenzmodulationen in der Zeit – beschrieben werden kann. Da wir uns gleichzeitig im Gebiet der Biologie bewegen, können wir die Akustik, deren Grundkenntnisse wir voraussetzen, auf die Bioakustik eingrenzen. Innerhalb der Biologie wiederum sind es unter anderem anatomisch-morphologische und sinnesphysiologische Gegebenheiten, welche die Hervorbringung und Rezeption des Zwitscherns ermöglichen, außerdem können genetische Voraussetzungen und evolutionsbiologische sowie ethologische und lernpsychologische Aspekte des Vogelgesangs hinterfragt werden. In der Feldornithologie, der Arbeit des Vogelkundlers im Lebensraum seiner Studienobjekte, ist wiederum die artdiagnostische Bedeutung der Vogelgesänge wichtig, wenn der Vogelbestand eines unübersichtlichen Landschaftsausschnitts möglichst vollständig erfasst werden soll. Fragestellungen der Ökologie wiederum zielen unter anderem auf das Zwitschern in seiner Bedeutung für das einzelne Tier, für die Population einer Art und für das Zusammenleben verschiedener Arten im Lebensraum ab. Abseits der Biowissenschaften begründet die musikalische Umsetzung von Vogelgesängen in Kompositionen eine musikgeschichtliche und musikästhetische Auseinandersetzung. Eine mögliche Verwandtschaft des Vogelgezwitschers mit der menschlichen Musik kann musikologisch und letztlich auch philosophisch beurteilt werden, die Frage der Sprachähnlichkeit der Gesänge und Rufe von Vögeln ruft Sprach- und Kommunikationswissenschafter auf den Plan. Die Tradition des Fangs und der Käfighaltung möglichst »kunstvoll« tirilierender Singvögel zum Zweck der Konkurrenz in einschlägigen Wettbewerben, etwa im österreichischen Salzkammergut von der UNESCO zum immateriellen Kulturerbe erklärt, kann aus brauchtumskundlicher Sicht beschrieben oder durch die Brille des Tierschutzes kritisch gesehen und an den EU-rechtlichen Normen des Vogelschutzes gemessen werden. Auch die Bedeutung von Vogelstimmen in Religionen und Mythologien oder in den Literaturen der Welt – wie oben am Beispiel einzelner deutschsprachiger Gedichte exemplarisch aufgezeigt – kann dokumentiert und interpretiert werden.

So verschieden wie die fachlichen Zugänge fallen naturgemäß auch die sprachlichen Mittel aus, die hier zum Einsatz gelangen, wobei die Zeit, zu der jeweils gesprochen wurde oder wird, sowohl die Inhalte als auch die Wahl der für adäquat gehaltenen Sprache zusätzlich prägt. In *Brehm's Tierleben* von 1878, für viele wohl der Inbegriff deutscher Naturgeschichtsschreibung, lesen wir etwa im einleitenden Kapitel des Bandes über die Vögel folgende, aus heutiger Sicht gelinde gesagt kühn erscheinende Ausführung: »Die Stimme ermöglicht reichhaltige Sprache und anmutigen Gesang. Jede eingehendere Beobachtung lehrt, daß die Vögel für verschiedene Empfindungen, Eindrücke und Begriffe besondere Laute ausstoßen, denen man ohne Übertreibung die Bedeutung von Worten zusprechen darf [...].« [4] Besondere Blüten einer schwärmerischen und anthropozentrischen, gleichwohl um Faktenorientierung bemühten, mit vielen Wissensdetails angereicherten Sprechweise finden wir im englischen Sprachraum, wo die Vogelkunde seit jeher einen hohen Stellenwert hat. Geradezu euphorisch äußert sich etwa Ambrose G. H. Pratt 1933 über »eines der schönsten und seltensten und gewiß das klügste der wildlebenden Geschöpfe der Welt«, den australischen Prachtleierschwanz, dem er nicht nur »eine tiefe Liebe zur Melodie« zuschreibt, »die er mit vollendeter Kunst und höchst gefällig zum Ausdruck bringen kann«, sondern auch »die Fähigkeit, Ideen durch eine Art von Sprache zu übermitteln« und sogar, man lese und staune, »einen ausgeprägten Sinn für Eigentumsrechte und -werte«. [5] Solche gewagten Zusammenfügungen disparater Materialien, Sprechweisen und Begrifflichkeiten gewinnen im Zusammenhang postmoderner Erzählweisen zweifellos einen neuen, wenn auch oberflächlichen Reiz. So verwundert es nicht (oder vielleicht doch ein wenig), wenn etwa die Friedenauer Presse in Berlin das genannte Werk Pratts 2011 nicht nur in deutscher Sprache herausgebracht, sondern es auch mit einem setzkastenartigen Anhang versehen hat, in dem der Übersetzer und Herausgeber allerlei historische, philosophische und literarische Fundstücke von Friedrich Schiller über Elias Canetti bis Jacques Derrida nebst diversen neueren Erkenntnissen zur Biologie des Leierschwanzes zusammengestellt hat. Ein leises Unbehagen gegenüber dieser Art der Rezeption von Vogelgesängen, die unweigerlich an das berüchtigte »anything goes« einer auf die leichte Schulter genommenen Postmoderne denken lässt, soll aber keineswegs die Tatsache schmälern, dass der australische Leierschwanz tatsächlich über einen außerordentlich reichhaltigen und für unser Ohr spektakulären Gesang verfügt, der übrigens auch den Komponisten Olivier Messiaen beeindruckt und musikalisch inspiriert hat.

Im Bemühen, ein vermeintlich so partikuläres und leichtgewichtiges und in Wahrheit doch ungemein aufgesplittertes und schwer fassbares Thema wie das Zwitschern »genau« darzustellen (wobei Genauigkeit hier wohl Vollständigkeit, Detailtreue oder auch eine angemessene Gewichtung und Verbindung der unterschiedlichen Zugänge bedeuten könnte), möchte man vielleicht ein ganzes Team von Autorinnen und Autoren verschiedener Fachrichtungen darauf ansetzen. Gerade dann würde aber vermutlich umso mehr jene Zusammenschau fehlen, die aus dem fachdisziplinären Stückwerk einen konsistenten Begriff zu formen imstande wäre.

5 Hell und schnell

Versuchen wir, nachdem wir bereits an so viele Fachgebiete angestreift sind, zu einer phänomenologischen Betrachtung zurückzukehren: Was meinen wir eigentlich, wenn wir vom Zwitschern sprechen? Auch wenn wir ein intuitives Verständnis dafür haben, was Zwitschern ist und was nicht, fällt uns eine Definition doch schwerer als erwartet. »Singen, tirilieren, tschilpen, trällern, trillern, zirpen« – so die (angeblichen) Synonyme, die das Web-Wörterbuch Wictionary vorschlägt [6] – sind wohl kaum gleichbedeutend mit »zwitschern«. Auch die derselben Quelle entnommene Worterklärung – »eine Reihe aufeinander folgender Töne von sich geben (meist im Zusammenhang mit Vögeln)« – erscheint ungenügend;

mehr als die Wortbedeutung tatsächlich zu definieren, markiert sie vielmehr ziemlich hilflos den Punkt, ab dem eine solche Definition schwierig wird. (Zudem ist der Begriff »Töne« hier ungenau gewählt, da die Rufe und Gesänge von Vögeln durch Obertöne angereichert und im akustischen Sinn also meist Klänge sind.) Tatsache ist: Bei Weitem nicht jede »Reihe aufeinander folgender Töne« (oder Klänge), die Vögel von sich geben, bezeichnen wir als Zwitschern. Umgekehrt zwitschern nicht nur Vögel, auch Delphine tun es, Spitzmäuse, Fledermäuse und Heuschrecken, von denen eine Art tatsächlich Zwitscherschrecke genannt wird. Auch manchen Menschen, die affektiert oder zuckersüß oder tuntig sprechen, wird ein Zwitschern nachgesagt.

Was das Zwitschern zum Zwitschern macht, scheint zweierlei zu sein: einerseits eine helle Klangfarbe in mittleren bis höheren Frequenzlagen, andererseits eine relativ große Geschwindigkeit. Meist sind es daher Gesänge von kleineren Singvögeln, die wir so nennen. Langsame, dumpfe Rufreihen wie etwa den Balzruf der Großen Rohrdommel oder des Uhus, die okkarinaartig tönenden Rufe des Raufußkauzes oder auch die Rufe des Kuckucks, von dem schon die Rede war, würden wir niemals als Zwitschern bezeichnen, auch nicht etwa die klangvollen, vergleichsweise langsamen Gesänge der Amsel und einiger anderer Drosseln – obgleich diese Lautäußerungen allesamt der Wictionary-Definition genügen. Für die rasch dahinplätschernden Gesänge einiger Grasmückenarten und Rohrsänger, die perlenden Gesangskaskaden des Rotkehlchens, das geräuschreiche Schwätzen der Rauchschwalbe, die metallisch trillernde Strophe des Buchfinken oder den hell klingelnden Reviergesang des Girlitzes würden wir hingegen ohne zu zögern die Bezeichnung »Zwitschern« gelten lassen.

An dieser Stelle muss erwähnt werden, dass das Singvogelohr über ein weit besseres zeitliches Auflösungsvermögen verfügt als das menschliche Ohr. Im Fall des Buchfinken etwa, des häufigsten Singvogels Österreichs, übertrifft das Auflösungsvermögen das des Menschen um das Zehnfache. Um alle Details seines Gesangs wahrnehmen zu können, die der Sänger selbst und seine Artgenossen zu hören vermögen, müssten wir den Gesang daher auf ein Zehntel seiner normalen Geschwindigkeit verlangsamen. [7] In ihrer Originalgeschwindigkeit verschmelzen rasche Klangfolgen in den Gesängen oder Rufen vieler Singvögel für uns zu undifferenzierten Sweeps oder Geräuschen. Gerade diese informationsreichen Rufe oder Gesangselemente, die unser Ohr an oder jenseits der Grenze zur Geräuschhaftigkeit wahrnimmt und nur mehr unvollständig aufzulösen vermag, dürften maßgeblich dazu beitragen, dass wir ein »Zwitschern« hören und nicht etwa ein Singen oder Flöten.

Überhaupt wohnt das Zeitliche als Struktur gebendes Prinzip dem Zwitschern in auffallender Weise inne. Die Zusammensetzung rasch oder langsamer vorgetragener Elemente und Silben zu Strophen variabler oder konstanter Länge, die Aufeinanderfolge der Strophen mit kürzeren oder längeren Pausen dazwischen sowie die tages- und jahreszeitliche, aber auch lebenszeitliche Verteilung der Gesangsaktivität bilden ein relativ komplexes hierarchisches Muster. Die Sangesleistungen sind in bestimmten Zeitabschnitten oft gewaltig: 18 bis 22 Stunden am Tag singen manche Nachtigallen – die entgegen ihrem Namen durchaus auch tagsüber gesangsaktiv sind – während ihrer Hauptgesangszeit, und beim Rotaugenvireo, einem der eifrigsten amerikanischen Sänger, hat man während eines einzigen Tages über 22 000 seiner kurzen Strophen gezählt. [8]

6 Sender und Empfänger

An der Basis unseres Verständnisses für das Zwitschern des Vogels steht die Kenntnis des Aufbaus und der Leistungen einerseits des Stimmorgans, mit dem er seine Lautäußerungen hervorbringt, andererseits des Vogelohres, das empfängerseitig die funktionierende akustische Kommunikation garantiert.

Das Stimmorgan des Vogels ist nicht wie beim Menschen der Kehlkopf (Larynx), sondern der Untere Kehlkopf oder Stimmkopf (Syrinx), der ein »Stockwerk« tiefer an der Gabelung der beiden Hauptbronchien liegt. Er ist aus Knorpelringen und Membranen aufgebaut. Durch Muskeln – beim Singvogel sind es sieben bis neun

Paare – kann die Spannung der Membranen verändert werden, die durch die vorbeiströmende Luft in Schwingung versetzt werden. Die weitere Ausformung des Lautes geschieht nicht wie beim Menschen in der Mundhöhle, sondern in der Luftröhre. Daneben hat auch der Schnabel wesentlichen Anteil an der Frequenzmodulation der Laute.

Das Vogelohr entspricht in seinem Aufbau im Prinzip dem Ohr der Säugetiere und des Menschen, ist aber einfacher gebaut. So weist das Mittelohr des Vogels anstelle unserer drei Gehörknöchelchen Hammer, Amboss und Steigbügel nur ein Knöchelchen auf, die sogenannte Columella auris, die entwicklungsgeschichtlich dem Steigbügel entspricht. Im Innenohr ist die Cochlea nicht wie bei uns zur Schnecke gewunden und weist weniger Sinneszellen auf. Dennoch ist das Vogelohr sehr leistungsfähig. Der Hörbereich hinsichtlich der Tonhöhe ist durch eine etwas höhere untere Hörgrenze gekennzeichnet als beim Menschen, die obere Hörgrenze liegt je nach Vogelart unter oder auch deutlich über der des Menschen. [9] Beide, Vögel und Menschen, verfügen über eine ähnliche Hörschärfe, also ein ähnliches Unterscheidungsvermögen für verschieden hohe Töne; im Bereich der höchsten Trennschärfe können Mensch und Singvogel Töne unterscheiden, die weniger als 0,5 Prozent der Schwingungszahl auseinanderliegen, wobei im Einzelnen aber auch hier große Unterschiede zwischen verschiedenen Vogelarten bestehen. [10] Von dem wesentlich besseren zeitlichen Auflösungsvermögen des

Vogelohrs im Vergleich zu dem des Menschen war bereits die Rede.

Die Erfordernisse des Richtungshörens, das etwa für nachtaktive Beutegreifer wie die Eulen von lebenswichtiger Bedeutung ist, haben bei dieser Vogelgruppe als Besonderheit zu einer recht spektakulären Anpassung geführt, nämlich einem stark asymmetrischen Schädelbau, der allein dem Zweck dient, die Entfernung zwischen den beiden Ohren zu maximieren, um die Richtung, in der sich ein potenzielles Beutetier befindet, exakter bestimmen zu können. Zudem ist die Oberfläche der Deckfedern bei den Eulen mit einem weichen Flaum bedeckt, der für einen nahezu lautlosen Flug sorgt und somit Störgeräusche verhindert.

Gleichzeitig als Sender und Empfänger betätigen sich die Fledermäuse. Sie haben ein ausgeklügeltes Echoortungssystem entwickelt, mit dem sie noch bei größter Finsternis kollisionsfrei unterwegs sind und ihre Beute aufspüren. Ihre Stimmen nehmen wir, soweit sie nicht über unserer oberen Hörschwelle im Ultraschallbereich liegen, in lauen Sommernächten mitunter als sehr hohe, zwitschernde oder spitze Rufe wahr; der Großteil dieser Laute wird aber erst anhand technischer Hilfsmittel (etwa sogenannter Bat-Detektoren) für uns wahrnehmbar. Auch die Beutetiere der Fledermäuse zeigen eine raffinierte Anpassung: Die pelzige Behaarung vieler Nachtfalter »schluckt« die Peillaute und entzieht die Falter dadurch weitgehend dem Echolot ihrer Fressfeinde.

7 Funktionen und Situationen

Die funktionale Bedeutung des Zwitscherns für den Vogel selbst ist vielfältig. In unseren Breiten hören wir meist Reviergesänge, die der Abgrenzung und Verteidigung eines Vogelrevieres gegenüber den Nachbarn dienen; das Revier wiederum ist mit seinen verschiedenen Ressourcen, insbesondere Nahrung und Nistplatz, von entscheidender Bedeutung für ein erfolgreiches Brutgeschehen. Die meisten Reviergesänge sind zugleich auch Werbe- und Balzgesänge, die zur Paarbildung führen sollen. Daneben gibt es Drohgesänge, die bei der direkten Konfrontation mit einem Eindringling, meist einem Reviernachbarn, vorgetragen werden, Zeigegesänge, mit denen potenzielle Nistplätze oder fertige Nester dem Weibchen offeriert werden, Ehegesänge, die dem Paarzusammenhalt dienen, sowie Jugend- und Wintergesänge ohne erkennbare soziale Funktion, mit denen der Vogel möglicherweise seine Gesangsfähigkeiten übt. Die Gesangsaktivität und Ausformung des Gesangs ist vom Geschlecht des Vogels, von anderen genetischen Dispositionen, dem hormonellen Status des Tieres, Lernprozessen und äußeren Faktoren wie der Tageslichtmenge und dem Vorhandensein oder Fehlen ebenfalls singender Reviernachbarn abhängig. In der Regel singt das Männchen, doch ist dies weniger ausschließlich der Fall, als oft geglaubt wird. Beispielsweise werden Gesänge, die in erster Linie dem Paarzusammenhalt dienen, von beiden Partnern vorgetragen, etwa bei Schwalben oder

Rabenvögeln. Auch verfügen Weibchen über Jugend- und Wintergesänge, die allerdings nur rudimentär und selten zu hören sind.

Stark situationsabhängig wird das Rufrepertoire eingesetzt, in dem unter anderem Warnrufe, Bettelrufe und Kontaktrufe unterschieden werden können. Rufe sind in der Regel einfacher aufgebaut als Gesänge, der Übergang zwischen Rufen und Gesängen ist allerdings fließend. So werden jene Rufe und Rufreihen der Nichtsingvögel, die Gesangsfunktion übernehmen, oft als Gesänge bezeichnet, umgekehrt sind besonders einfach strukturierte Gesänge mancher Singvögel wenig mehr als eine Aneinanderreihung von Elementen, wie sie auch als Rufe Verwendung finden.

Neben stimmlich hervorgebrachten Rufen und Gesängen gibt es auch sogenannte Instrumentallaute, von denen das Schnabelklappern des Weißstorches bei der Begrüßung am Horst und das Trommeln der Spechte die bekanntesten sind. Bei den Spechten übernimmt das Trommeln vielfach die Rolle eines Reviergesangs (z. B. Buntspecht); manche Spechtarten trommeln allerdings selten oder nie, haben dafür aber auffallende Rufreihen mit Gesangsfunktion (z. B. Grünspecht), wieder andere Arten verfügen alternativ über ein Trommeln und eine entsprechende Rufreihe (z B. Kleinspecht). Weitere Instrumentallaute sind etwa das Flügelklatschen der Ringeltaube auf dem höchsten Punkt ihres Schaufluges und das sogenannte Meckern der Bekassine, das in raschem Abwärtsflug mit den äußeren Steuerfedern produziert wird.

Während alle diese Gesänge, Rufe und Instrumentallaute in der Regel der innerartlichen Kommunikation dienen, gibt es auch Beispiele einer zwischenartlichen Verständigung. Hierzu zählt jener hohe, durchdringende Warnruf, den viele Vogelarten bei Annäherung eines Luftfeindes, etwa eines Sperbers, in ähnlicher Weise von sich geben und der in der Art eines »Vogel-Esperantos« auch von anderen Arten verstanden wird.

In ihrer klanglichen Charakteristik spiegeln die Lautäußerungen des Vogels nicht nur seine physiologischen Möglichkeiten, sondern auch die in seinem Lebensraum herrschenden akustischen Rahmenbedingungen wider. So sind mehreren Vogelarten, die an rauschenden Wildbächen und Flüssen leben – in unseren Breiten etwa der Wasseramsel, dem Eisvogel und dem Flussuferläufer –, eine hohe Tonlage und eine scharfe, durchdringende Klangfarbe ihrer Stimmen gemeinsam. Dass die Evolution nicht stillsteht, zeigt sich in der urbanen Zivilisationslandschaft: Um sich von den vorherrschend tiefen Frequenzen des städtischen Grundrauschens besser abzuheben, singen Kohlmeisen in verschiedenen europäischen Großstädten höher, zudem auch kürzer und schneller als ihre Artgenossen in nahe gelegenen Wäldern und benutzen öfter atypische Tonfolgen. [11]

8 Angeboren oder erlernt?

Vielfach wurde die Frage nach den angeborenen und den erlernten Anteilen des Vogelgesangs untersucht, entsprechend vergleichbaren Problemstellungen in der menschlichen Entwicklungspsychologie. Die klassische experimentelle Herangehensweise an diese Frage ist der sogenannte Kaspar-Hauser-Versuch, eine Versuchsanordnung, in der ein Jungvogel ohne Kontakt zur Außenwelt und insbesondere ohne Kontakt zu arteigenen Vorbildern aufgezogen wird. In neuerer Zeit treten in diesem Forschungsfeld zunehmend genetische Fragestellungen und Methoden in den Vordergrund. Zahlreiche Ergebnisse wiesen schon früh in die Richtung, dass eine einfache und pauschal für alle Vogelarten geltende Antwort hier nicht möglich ist und dass kaum jemals nur eines von beidem – der zur Gänze angeborene oder gänzlich erlernte Gesang – zutrifft.

Für verschiedene Rufe und Gesänge ist erwiesen, dass ihre ungefähre Struktur dem Vogel angeboren ist, die letztliche Ausformung dieser Anlagen jedoch nach dem Vorbild erwachsener Vögel erlernt wird. Dies gilt beispielsweise für den Gesang des Buchfinken, ein klassisches Studienobjekt der Vogelstimmenforschung. Die charakteristische und arttypische Form des Jugendgesangs scheint hingegen immer angeboren zu sein, was aber nicht bedeutet, dass nicht auch hier Lernprozesse stattfinden. Dass gelernt wird, erkennen wir beispielsweise beim Buchfinken daran, dass in den Jugendgesang sogar Imitationen anderer Vogelarten eingeflochten werden, während der spätere Reviergesang des erwachsenen Buchfinken eine weitestgehend stereotype Strophe ohne jegliche Imitationselemente ist. Bei anderen Vogelarten wiederum wird der Gesang zur Gänze vom Vater erlernt oder aber von demjenigen Vogel, der in einer bestimmten sensiblen Prägungsphase als Vorbild zur Verfügung steht – was beispielsweise bei einem in Gefangenschaft aufgezogenen Gimpel durchaus auch ein Kanarienvogel sein kann. So kommt es zur Ausbildung von Gesangstraditionen, die über viele Generationen hinweg, normalerweise vom Vater zum Sohn, in vollkommener Übereinstimmung weitergegeben werden. Ein Schelm, wer hier an Männergesangsvereine denkt.

Durch die Tatsache, dass nicht nur die Vogelgesänge selbst, sondern auch Lernprozesse eine genetische Grundlage haben, dass also auch Lernbereitschaft und Lernvermögen ihrerseits angeboren sind, gewinnt die Frage »angeboren oder erlernt?« bei näherer Betrachtung zusätzlich an Komplexität beziehungsweise erweist sich als so nicht beantwortbar. Die genetische Verankerung des Lernvermögens konnte vor einigen Jahren dadurch gezeigt werden, dass ein experimentell herbeigeführter Defekt des FOXP2-Gens bei jugendlichen Zebrafinken zu schlechteren Gesangsleistungen führte. [12] Das FOXP2-Gen spielt beim Erlernen des Vogelgesangs wie auch der menschlichen Sprache eine zentrale Rolle; es wurde erstmals 2001 bei den Mitgliedern einer (Menschen-)Familie mit einer auffälligen Sprachstörung entdeckt. Personen mit defektem FOXP2 haben Schwierigkeiten mit der Aussprache, zudem mangelt es ihnen an grammatikalischem Verständnis. Nach Angaben des Forscherteams vom Berliner Max-Planck-Institut für molekulare Genetik könnten die am Zebrafinken gewonnenen Erkenntnisse auch zum besseren Verständnis von Sprachproblemen bei Menschen beitragen – was natürlich im Wissenschaftsbetrieb immer auch ein willkommenes Argument ist, um den Bedarf an Fördergeldern zu legitimieren.

9 Zwitschern als Sprache?

Dass es sich bei den Lautäußerungen des Vogels um eine Sprache oder ein der menschlichen Sprache vergleichbares Kommunikationssystem handle, ist vielfach unkritisch bejaht, dann wieder entschieden in Abrede gestellt worden. Wir erinnern uns an den weiter oben zitierten alten Brehm, der ganz ungeniert Sprache und Vogelgesang in einen Topf wirft, und lesen an anderer Stelle berechtigte Einwände gegen eine solche Deutung: »Eine Sprache besteht aus Worten. Worte sind abstrakte Symbole für Begriffe und Ideen; sie können zu sinnvollen Einheiten verknüpft werden, die mehr aussagen als die Summe der einzelnen Worte. [...] Wir können daher tierische Laute und Gesänge mit unserem Lachen, Weinen, unseren Schmerzlauten und unserer nicht bewußt kontrollierten Mimik vergleichen, nicht aber mit unserer Sprache.« [13]

Menschensprache und Vogelgesang sind unabhängig voneinander entstandene Kommunikationssysteme, doch offenbaren gezielte Vergleiche mehr Parallelen im Erwerb und in der Funktion als erwartet. Besondere Beachtung bei psychologisch wie evolutionär orientierten Verhaltensforschern finden in neuerer Zeit verschiedene nicht genetisch fixierte, per Tradition weitergegebene Verhaltensprogramme (etwa Werkzeuggebrauch bei Primaten), zu denen auch sozial erlernte, tradierte Formen des Vogelgesangs gezählt werden können. Immerhin lassen solche »proto-kulturellen« Verhaltensweisen im Tierreich ein kulturevolutives Potenzial erahnen, das somit nicht gänzlich auf den Menschen und sein unmittelbares verwandtschaftliches Umfeld bechränkt wäre. Sozial tradierte, teilweise auch durch zwischenartliches Lernen erworbene Vogelgesänge bilden das Hauptkommunikationsmittel mancher Vogelarten, das über den Fortpflanzungserfolg entscheiden und somit Prozesse der genetischen Evolution mitbestimmen kann.

Fremdelemente, die experimentell gewissermaßen als Sonden in Gesangstraditionen eingeschleust werden, können helfen, die Bedeutung einzelner Gesangskomponenten zu erhellen und zu prüfen, ob der Vogelgesang ein ähnlich rekursives System wie die menschliche Sprache ist, das heißt, ob eine Änderung der Abfolge von Elementen die Bedeutung der ganzen Folge ändert. Anhand derartiger Untersuchungen hofft man auch nähere Erkenntnisse über die neuroanatomischen Korrelate des Lernens und über den Selektionsvorteil tradierter Verhaltensanteile zu gewinnen. [14] Die Herangehensweise knüpft an ältere Untersuchungen an, in denen Rotkehlchen arteigene Gesänge in modifizierter Form – mit veränderter Strophenreihenfolge, von hinten nach vorne, in halber Geschwindigkeit oder nach willkürlicher Kombination der einzelnen Gesangselemente – auf Tonband vorgespielt wurden, wobei die ersten beiden Eingriffe erstaunlicherweise keine Minderung der Reaktion auf den vermeintlichen Konkurrenten zur Folge hatten.

10 Zwitschern als Musik?

In einer ähnlichen Grauzone zwischen Zustimmung und Ablehnung finden wir uns, wenn wir der Frage nach einer möglichen Verwandtschaft zwischen Vogelgesängen und Musik nachgehen. Zunächst liegt die Interpretation nahe, dass beide Phänomene schon aufgrund ihrer gänzlich verschiedenen funktionalen Zusammenhänge nicht vergleichbar sind. Doch neben den arterhaltenden Leistungen des Vogelgesangs und den Selektionsvorteilen, die sich für den Vogel aus reichhaltigen im Vergleich zu ärmeren Gesängen ergeben, kann im Hintergrund durchaus ein gewisses spielerisches Moment, eine Komponente des individuellen Vergnügens erkannt werden, die den Vogel gerade dort zu besonders »kreativen« Gesangsleistungen zu veranlassen scheinen, wo ein Situationsdruck beziehungsweise eine unmittelbare biologische Funktion des Singens nicht erkennbar ist. [15] Hinsichtlich des Auftretens und der gesetzmäßigen Abfolge elementarer Einheiten bestehen beträchtliche strukturelle Gemeinsamkeiten zwischen Musik und Vogelgesang. Die klangmikroskopische Vertiefung in Vogelgesänge durch deren verlangsamte Wiedergabe, die sie erst für unser Gehör voll erschließt, fördert erstaunliche Strukturen zutage, denen sich musikalische – oder eben nur musikanaloge – Qualitäten nur schwer absprechen lassen. [16] Schon Charles Darwin attestierte den Vögeln einen »Geschmack für Schönes«. Und der große österreichische Verhaltensforscher Konrad Lorenz bekräftigt in einem Brief an den amerikanischen Ornithologen Wallace Craig, den er immerhin als seinen »einflussreichsten Lehrer« bezeichnete: Der Vogelgesang »ist sicherlich schöner als nötig und ähnelt in dieser Hinsicht der menschlichen Kunst im Allgemeinen«. [17]

Während in der neueren Ausgabe des musikologischen Standardwerkes *MGG* (*Die Musik in Geschichte und Gegenwart*) von 1998 ein Artikel über den Vogelgesang bezeichnenderweise fehlt, findet sich in vorangegangenen Ausgaben (1979, 1986) eine umfangreiche Abhandlung, in der Vogelgesänge zumindest in die Nähe der Musik gerückt werden: »Wenn man die Fähigkeit zur Musik per definitionem auf den Menschen beschränkt, dann kann Vogelgesang keine Musik sein. Wenn man aber die Musik vom Phänomenologischen her definiert, kommt man nicht darum herum, zumindest die komplizierten Gesänge systematisch hochstehender Vögel als Musik zu bezeichnen. Vögel und Säugetiere stammen von gemeinsamen Vorfahren ab und haben nicht nur Verschiedenheiten wie die der Fortbewegung entwickelt, sondern auch Gemeinsamkeiten wie die Warmblütigkeit und den Ausbau der akustischen Kommunikation. Wegen der formalen Übereinstimmungen lassen sich Vogelgesänge und menschliche Musik als parallele Bildungen betrachten. Beim Gesang der Schamadrossel und bei den Gesängen vieler anderer Vogelarten kann man deshalb im gleichen Sinne von Musik sprechen, wie man die koordinierten, der Fortbewegung im Wasser dienenden Bewegungen von Enten und Menschen ›schwimmen‹ nennt.« [18] Demgegenüber pocht etwa Igor Strawinsky auf genau jene Beschränkung des Musikalischen auf den Menschen, wenn er zur Frage des Vogelgesangs schon Jahrzehnte früher klipp und klar feststellt: »Diese tönenden Erscheinungen gemahnen uns an Musik, aber sie sind keine Musik. […] Es bedarf eines Menschen, um diese musikalischen Verheißungen zu erfüllen.« [19] Generell vor einer voraufklärerischen Verbrämung »schöner« Naturerscheinungen, wie der Vogelgesang eine ist, warnt Theodor W. Adorno, wenn er schreibt: »Die Vieldeutigkeit des Naturschönen hat inhaltlich ihre Genese in der der Mythen. Deshalb vermag der Genius, einmal zu sich aufgewacht, am Naturschönen nicht länger sich zu befriedigen. In ihrem ansteigenden Prosacharakter entwindet Kunst vollends sich dem Mythos und damit dem Bann der Natur, der doch wiederum in deren subjektiver Beherrschung sich fortsetzt. Erst was der Natur als Schicksal entronnen wäre, hülfe zu ihrer Restitution.« [20]

Tatsache ist, dass bis zum heutigen Tag neben der selbstverständlich autorisierten naturwissenschaftlich-bioakustischen Betrachtungsweise immer wieder auch musikologische Zugänge zum Phänomen des Vogelgesangs gewählt und postwendend auch kritisiert werden. Eine gültige Antwort auf die Frage des Verhältnisses zwischen Musik und Vogelgesang wird vielleicht schon dadurch unmöglich gemacht, dass auch beim Menschen selbst wohl keine scharfe Trennlinie gezogen werden kann, ab welchem individuellen oder kulturevolutiven Entwicklungsstand kommunikative Signale und die Hervorbringungen einer akustischen Experimentierfreudigkeit (etwa beim Kleinkind) als Erscheinungen oder Anfänge der Musik zu deuten sind.

11 Zwitschern aufschreiben

Die schriftliche beziehungsweise grafische Aufzeichnung von Vogelgesängen war lange Zeit nur sehr grob in Notenschrift, mit Zeichen oder Silben möglich. Derartige Niederschriften dienen bestenfalls einer oberflächlichen Illustration sowie als Bestimmungs- oder Merkhilfen. Syllabische Umschreibungen wurden oft in Vogelbestimmungsbüchern angeführt und geben zusammen mit deskriptiven Angaben einen groben, für die Artbestimmung oft ausreichenden Eindruck von den Lautäußerungen eines Vogels. In Verbindung damit kann auch die Notenschrift gelegentlich nützlich sein, um einen im Gelände gehörten, zunächst unbekannten Vogelgesang näherungsweise zu notieren und im Nachhinein – etwa durch den Vergleich mit Tonaufnahmen – bestimmen zu können. Alle diese Notationsformen sind aber für eine nähere Analyse und wissenschaftliche Objektivierung der Rufe und Gesänge von Vögeln letztlich völlig ungeeignet.

Entscheidende Fortschritte auf diesem Gebiet brachte die Erfindung des Sonagramms in den 1940er-Jahren. Bei dieser zweidimensionalen Aufzeichnungsform wird die Zeit (in Sekunden) auf der waagrechten Achse aufgetragen, die Tonhöhe (Frequenz in kHz) auf der senkrechten Achse. Neben der Tonhöhe und den kräftigsten Obertönen einzelner Klänge werden so insbesondere auch komplexere Klangverläufe in ihrer zeitlichen und spektralen Struktur darstellbar. Damit bietet sich die Möglichkeit einer objektiv nachvollziehbaren grafischen Notation des Zwitscherns, die in der Folge nach vielerlei Gesichtspunkten analysiert werden kann.

Allerdings tritt hier möglicherweise ein grundsätzliches Problem der Verschriftlichung zutage: Je näher sie dem Sachverhalt kommt, der beschrieben oder wiedergegeben werden soll, desto mehr entgleitet sie ins Unlesbare. Auch bei einiger Übung wird es uns nicht gelingen, allein anhand des Sonagramms eines Vogelgesangs eine konkrete Klangvorstellung dieses Gesangs zu entwickeln – etwa so, wie wir aufgrund der chemischen Strukturformel einer Substanz zwar viele ihrer Eigenschaften objektivieren, uns aber keine sinnlich konkrete Vorstellung von ihrem Geruch oder Geschmack machen können. Ob und inwiefern eine solche Unschärferelation auch sprachlichen Texten anhaftet, bliebe zu überprüfen. Zumindest bei avancierten Formen poetischen Schreibens kann sie mit einiger Berechtigung vermutet werden.

12 Zwitschern komponieren

Ungeachtet des offensichtlichen Ungenügens der Notenschrift für die grafische Wiedergabe des Zwitscherns haben sich europäische Komponisten eines halben Jahrtausends [21] daran versucht, ihre innere musikalische Vorstellungswelt und das konventionelle vokale und instrumentale Klangrepertoire der jeweiligen Zeit durch vorgefundene Naturklänge und ganz besonders durch Vogelstimmen zu bereichern. Die gestalterischen Einsatzgebiete für die Rufe und Gesänge diverser Vogelarten in den Kompositionen sind im Einzelnen so vielfältig wie die dahinter auszumachenden künstlerischen Beweggründe. Sie reichen vom vergnüglichen Imitationsspiel in der vokalen Unterhaltungsmusik der Renaissance über die klassische Pflege eines pastoralen Idylls und die gefühlsschwangere, eine übersteigerte Anthropozentrik spiegelnde Naturromantik bis hin zur zeitgenössischen Erweiterung des ästhetischen Rahmens in Richtung eines Archaischen, Ungebändigten, das sich der schriftlichen Notation nie ganz überlässt und nicht in das Regelwerk einer Tonsatzlehre passt. Olivier Messiaen, wohl der Inbegriff des »Vogelstimmen-Komponisten« in der europäischen Musikgeschichte, begründet seine jahrzehntelange, beispiellos intensive kompositorische Beschäftigung mit Vogelgesängen folgendermaßen: »In meinen düsteren Stunden, wenn ich mir plötzlich meiner eigenen Nutzlosigkeit bewusst wurde, wenn mir jedes musikalische Idiom – klassisch, orientalisch, alt, modern und ultramodern – nur noch als ein bewundernswertes, mühseliges Experimentieren erschien, ohne jede letzte Legitimation, was blieb mir übrig als dies: das wahre, verlorene Gesicht der Musik irgendwo draußen zu suchen, in den Wäldern, in den Feldern, in den Bergen oder an der Küste, unter den Vögeln.« Und an anderer Stelle meint Messiaen sogar, Vögel seien »in der künstlerischen Hierarchie […] wahrscheinlich die größten Musiker, die unseren Planeten bewohnen«. [22]

Die begrenzten Möglichkeiten der Notenschrift mit den in ihr darstellbaren Tonschritten und ihrer ebenfalls allzu groben rhythmischen Differenzierung, die klanglichen Grenzen der verfügbaren Musikinstrumente und die limitierten Leistungen unseres Gehörs begründen gemeinsam das, was bei näherer Betrachtung ein wenig provokant als heilloses Scheitern der europäischen Kunstmusik am Zwitschern bezeichnet werden könnte. Die kompositorische Annäherung an Vogelstimmen beschränkt sich, sofern nicht Tonbandaufnahmen singender Vögel in die Musik integriert werden, zwangsläufig auf einen stark abstrahierten, auf wenige grobe Merkmale reduzierten Abklatsch der bioakustischen Vorlage. Auch die Erfindung eigener Effektinstrumente, die auf die Nachahmung des Nachtigallengesanges abzielten – etwa die »Nachtigaal«, eine wassergefüllte Keramikpfeife niederländischer Herkunft, oder ein nach diesem Vogel benanntes Orgelregister – änderten daran nichts. Beispielsweise würde keine Nachtigall beim Anhören der zahlreichen Musikpassagen, in denen Gesangsmotive dieser Vogelart aufgegriffen worden sind, auch nur auf die Idee kommen, es handle sich um den Gesang eines ein wenig wunderlichen Artgenossen. [23] Dies gilt nicht nur für musikalische Umsetzungen des Gesangs der Nachtigall, die über einen besonders reichhaltigen und komplexen Gesang verfügt und für viele Menschen zu Recht als Inbegriff des Singvogels gilt, sondern etwa auch für das simple Motiv des Wachtelschlags in Beethovens »Pastorale«, dessen musikalische Ausführung ebenfalls nicht geeignet wäre, das Interesse einer Wachtel zu wecken.

Nun wollten allerdings die Komponisten aller Epochen mit ihren Werken sicherlich keine Vögel überlisten, sondern menschliche Zuhörer unterhalten und ästhetisch überzeugen. Das ist in der einen oder anderen Form sicherlich gelungen und wird bis zum heutigen Tag immer wieder aufgegriffen. [24] Daher wird die oben geäußerte Behauptung, die Musik sei am Zwitschern gescheitert, hier gleich wieder zurückgezogen.

13 Glücksvokabel

Was macht, frage ich mich abschließend, ungeachtet allen fachlichen und weniger fachlichen Redens über die klangliche Welt des Vogels, das »Zwitschern« für uns leise und doch unüberhörbar zur Glücksvokabel? Ist es die Erinnerung an laue Frühlingstage, wallende Hormone, unbeschwerte Spaziergänge im Grünen – pures Wohlbefinden also, das wir wie Pawlow'sche Hunde mit dem Zwitschern verbinden? Spüren wir angesichts der Art und Weise, wie das Zwitschern unserem allzu trägen Gehör merklich entgleitet, ein Vorgefühl von der Beschränktheit unserer Weltwahrnehmung, hinter der die verheißungsvollen Denkmöglichkeiten einer Transzendenz oder auch nur eines künftigen Erkenntnisfortschritts beginnen? Oder ist in dem einen oder anderen von uns der spielerische Wunsch zugange, mit einer heimlichen Seite seiner selbst auch ein bisschen Vogel zu sein, der befreit aus schnöden sprachlichen Sinnzusammenhängen mit schieren Gesängen alles zu sagen imstande wäre?

Das Vergnügen, das empfindet, wer durch einen Wald spazierend zwei Dutzend Vogelarten zwitschern hört, sie an ihren Stimmen erkennt und fein säuberlich beim Namen nennt, ist kein geringes. Doch im Bemühen um komplexere Fragen, etwa nach dem Verhältnis von Vogelgesang, menschlicher Sprache und Musik, geraten, wie wir gesehen haben, unsere Begriffe gehörig ins Trudeln. Gewiss, wir brauchen sie, die Sprache mit ihrer Sinn stiftenden, Welt stiftenden Macht, wir brauchen sie samt allerlei abgelegenen, verheißungsvollen und zugleich ein wenig widerständigen Wörtern wie dem »Zwitschern« – und dürfen uns, Zuschauer und Zuhörer unserer selbst, zugleich diebisch an der Ohnmacht unseres Sprechens freuen, die uns immer wieder in unsere menschlichen Schranken weist.

Anmerkungen

[1] Tomas Tranströmer, *Sämtliche Gedichte*, hg. von Michael Krüger, Edition Akzente, Carl Hanser Verlag, München 1997, S. 236.

[2] *Schneegedichte*, hg. von Ron Winkler, Schöffling & Co., Frankfurt a. M. 2011, S. 29.

[3] *Das Gedicht*, Zeitschrift für Lyrik, Essay und Kritik, Heft 19/2011, S. 28.

[4] Alfred Edmund Brehm, *Das Leben der Tiere – Die Vögel*, zitiert nach der neu bearbeiteten Ausgabe von Fritz Bley, Deutsche Buchgemeinschaft, Berlin o. J. [um 1930], S. 10 f.

[5] Ambrose G. H. Pratt, *Menura – Prächtiger Vogel Leierschwanz*, übersetzt und herausgegeben von Rainer G. Schmidt, Friedenauer Presse, Berlin 2011, S. 5 und S. 73 f. Auch das Motto von Jacques Derrida am Anfang des vorliegenden Textes ist nach diesem Buch (S. 118) zitiert.

[6] http://de.wiktionary.org (Aufruf 04. 01. 2012)

[7] Ein anderes Beispiel ist das scheinbar zweisilbige Gesangsmotiv der Kohlmeise, das sich für uns in etwa wie ein leicht aufgerautes *zibe – zibe –* … anhört. Hinter ihm verbirgt sich in Wahrheit eine wesentlich komplexere Tonfolge. Die sogenannte »Klangmikroskopie«, wie die stark verlangsamte Wiedergabe auch genannt wird, legt in der ersten der beiden Silben, also dem *zi*, eine ganze Tonleiter frei (nachzuhören bei Anm. 16).

[8] Karl-Eduard Linsenmair, *Wie die Alten sungen … Warum singen Vögel?* Kosmos-Bibliothek Bd. 258, Franck'sche Verlagshandlung, Stuttgart 1968, S. 87.

[9] Der Hörbereich des Menschen liegt bei etwa 16 bis 20 000 Hz, wobei die obere Hörgrenze im Alter deutlich absinkt; beim Vogel wird nach Anm. 8 die untere Hörgrenze mit etwa 40 bis 100 Hz angegeben, die obere liegt je nach Vogelart zwischen 10 000 und 29 000 Hz. Wenn man bedenkt, dass eine Verdoppelung der Frequenz einem Tonintervall von einer Oktav entspricht, ist der Hörbereich des Vogels somit von Art zu Art als stark unterschiedlich zu bezeichnen. Da Töne über 20 000 Hz von Vögeln nur bei sehr hoher Schallintensität gehört werden, kann auch bei den Arten mit hoher oberer Hörschwelle nicht von wirklicher Ultraschallwahrnehmung gesprochen werden.

[10] Vgl. Anm. 8.

[11] *Kohlmeisen in Paris zwitschern heller als die Meisen vom Land*, www.focus.de/wissen/wissenschaft/vogelgesang_aid_120449.html, 04. 12. 2006.

[12] Anonymus, *Defektes Gen sorgt für schlechten Vogelgesang*, Welt online, www.welt.de/wissenschaft/tierwelt/article1425333/Defektes_Gen_sorgt_fuer_schlechten_Vogelgesang.html, 03. 12. 2007.

[13] Quelle Anm. 8, S. 79.

[14] Lucie H. Salwiczek, *Gesangstraditionen und Sprache – Bird song tradition and human language*, Forschungsbericht 2004 – Max-Planck-Institut für Verhaltensphysiologie, hhttp://www.mpg.de/866578/forschungsschwerpunkt (Aufruf 14. 11. 2011).

[15] Darauf ist schon der große Verhaltensforscher Konrad Lorenz ausführlich eingegangen (*Die angeborenen Formen möglicher Erfahrungen*, Zs. für Tierpsychologie V, 1943, S. 235–409). Vgl. hierzu auch in neuester Zeit das fachlich nicht unumstrittene Buch *Klangsphären – Motive der Autonomie im Gesang der Vögel* von Walther Streffer, Verlag Freies Geistesleben, Stuttgart 2009, in dem die »Autonomie«, also die individuelle Freiheitsentwicklung, als Erklärungsansatz für die Vielfalt der Vogelgesänge herangezogen wird.

[16] Péter Szőke, *Die unbekannte Vogelmusik*, Schallplatte und Faltblatt, Hungaroton, Budapest 1987.

[17] Zitate Darwin und Lorenz nach: Reinhard Lassek, *Rezension: Schöner als biologisch erforderlich.* Spektrum der Wissenschaft 10/2008, www.spektrum.de/sixcms/detail.php?id=968695&_z=798888&_druckversion=1 (Aufruf 14. 11. 2011).

[18] Johannes Kneutgen, *Vogelgesang*, in: *Die Musik in Geschichte und Gegenwart.* Digitale Bibliothek Band 60, Bärenreiter-Verlag, Kassel und Basel 1986, S. 78774 (vgl. MGG Bd. 16, S. 1911).

[19] Igor Strawinsky, *Poétique Musicale* (1942; deutsch als Mus. Poetik, Mainz o. J. [1960]), zitiert nach [18].

[20] Theodor W. Adorno, *Ästhetische Theorie*, Suhrkamp, Frankfurt/M. 1973, S. 105.

[21] Dabei denken wir unter anderem an das französische Chanson der Renaissance mit seinem Vertreter Clément Janequin (von dem etwa die beiden Vokalkompositionen »Le rossignol« und »Le chant des oyseaux« stammen), an Ludwig van Beethovens »Szene am Bach« in seiner 6. Sinfonie, der »Pastorale«, in der als Ingredienzien eines ländlichen Idylls die Stimmen von Nachtigall, Wachtel und Kuckuck von Holzblasinstrumenten wiedergegeben werden, an Richard Wagners »Waldesweben« in der Oper »Siegfried« mit der Wiedergabe von fünf verschiedenen Vogelarten, an den virtuosen »Gesang der Nachtigall« für Violine und Klavier von Pablo de Sarasate, an Igor Strawinskys Oper »Le Rossignol«, an das umfangreiche einschlägige Œuvre Olivier Messiaens, der in seinen Kompositionen die Stimmen heimischer wie auch exotischer Vögel – unter anderem des bereits weiter oben erwähnten australischen Prachtleierschwanzes – aufgegriffen und in ausführlichen Begleittexten quasi ornithologische Höranleitungen beigesteuert hat, bis hin zu den zeitgenössischen Arbeiten der Komponistin Emily Doolittle, die das Verhältnis zwischen Vogelstimmen und menschlicher Musik erkunden.

[22] Olivier Messiaen, 1959, zitiert nach www.janreichow.de/sdg_swr_messiaen_200707.htm (Aufruf 14. 11. 2011), sowie 1967 im Gespräch mit Claude Samuel, zitiert nach Anm. 5.

[23] Vgl. Helwig Brunner, *Der Nachtigallengesang in der europäischen Kunstmusik. Wesen, Möglichkeiten und Grenzen der musikalischen Umsetzung eines natürlichen Klangereignisses*, Beiträge zur elektronischen Musik 3, Inst. für Elektronische Musik a. d. Hochschule für Musik u. Darstellende Kunst, Graz 1994.

[24] So fand im Dezember 2011 in Zusammenarbeit der Bayerischen Staatsoper mit dem Max-Planck-Institut für Ornithologie eine »ornithologische Soirée« statt, bei der in einem »Gesprächskonzert« mit Werken der Komponistin Emily Doolittle nach Angabe der Max-Planck-Gesellschaft eine »tiefergehende ästhetische Betrachtung des Vogelgesangs« angestrebt wurde.

Kathrin Passig

Die Zwitschermaschine: Was von Twitter übrig bleibt

Ein Vortragstext in 227 Tweets*

Meine Twitteranmeldung schob ich lange hinaus: »Peinlich, so spät dran zu sein, alle sind schon da«, dachte ich. Das war im Frühjahr 2008.

Damals hatte Twitter im deutschsprachigen Raum vielleicht 30 000 aktive Nutzer.

Heute twittern etwa 500 000 der 100 Millionen Menschen, die Deutsch sprechen, also 1 Prozent. Sie können immer noch zu den Ersten gehören.

* Der Vortrag wurde weder in dieser Form gehalten noch tatsächlich getwittert, sondern nachträglich in 140-Zeichen-Stücke zerlegt. Die meisten davon eignen sich nicht als Tweets, weil sie schlecht für sich allein stehen können. Es ist also eigentlich ein Fake-Twitterformat, das mit der Form kokettiert, ohne ihre eigentlichen Anforderungen zu erfüllen.

Ich erkläre für alle Fälle ganz grob, was Twitter ist. Wer alles schon weiß, darf weiter unten wieder einsteigen.

Das Grundkonzept: Nach der Anmeldung kann man vom Rechner oder Smartphone Nachrichten von maximal 140 Zeichen Länge veröffentlichen.

Tiefdruckgebiet Xenia Horstmann-Guggenbichler hat sich verzogen. Ein Anlass, den Feldschwirl an seinem krautigen Waldsaum aufzusuchen.
Maik Novotny / @the_maki, 27. Juli 2011

So sah der erste Tweet der Welt im Jahr 2006 aus, der historische »Das Pferd frisst keinen Gurkensalat«-Satz des Twitterns:

just setting up my twttr
Jack Dorsey / @jack, 21. Mai 2006

Die Länge hat historische Gründe: Anfangs lief noch einiges über SMS, eine SMS hat 160 Zeichen, minus 20 für den Twitter-Nutzernamen.

Twitter ist _das_ Medium für wortkarge Norddeutsche. Wenn nur nicht die 140 Zeichengrenze wäre. Wie textet man so viel Platz überhaupt voll?
Swen Wacker / @SwenWacker, 22. Dezember 2009

Eine 140-Zeichen-Nachricht heißt »Tweet«. »Twitter« heißt »Zwitschern«, ein »Tweet« ist ein einzelner Piepser, vgl. Sylvester & Tweety.

Man abonniert die Updates einzelner Personen. Dieser Vorgang heißt »followen« oder »jemandem folgen«. Die Leser heißen Follower.

Wenn man jemanden nicht mehr so interessant findet, kann man ihn »entfollowen« oder »entfolgen«.

Kann man sich hier eigentlich auch selbst entfollowen?
    Linda Fischer / @fraugeschickt, 2. Dezember 2008

Auf fremde Tweets antwortet man, indem man den Nutzernamen mit einem @ voranstellt. Der Adressat erhält eine Benachrichtigung.

Diesen Tweet widme ich der inzwischen in Vergessenheit geratenen Kulturtechnik des Nachdenkens vor dem Akt der Kommunikation.
    Sascha Lobo / @saschalobo, 13. März 2009

@saschalobo Es ist erst in Vergessenheit geraten, wenn das ZDF eine mehrteilige Dokumentation dazu ausstrahlt.
    Matthias Bauer / @moeffju, 13. März 2009

Die Wolken der Twitter-Beziehungen überschneiden sich an ihren Rändern.

Anna folgt 100 Personen, Bernd folgt 100 Personen, 10 davon sind identisch. Was diese 10 schreiben, sehen sowohl Anna als auch Bernd.

Durch die Schnittmengen verbreiten sich Informationen. Zusätzlich gibt es den Retweet: das Weiterleiten von Tweets an den eigenen Kreis.

Anna retweetet einen Beitrag von Bernd. Jetzt sehen alle ihre Follower diesen Beitrag, auch diejenigen, die Bernd gar nicht folgen.

@hamoll die moderne variante von »eulen nach athen tragen« ist ja »sascha lobo retweeten«

Taubenvergrämer / @Vergraemer, 3. März 2009

Mitte 2007 erfand Twitternutzer Chris Messina das (oder den) Hashtag: eine mit einer Raute markierte Zuordnung des Tweets zu einem Thema.

Mit Hashtags lassen sich Tweets in einen Kontext einordnen, und Nutzer können so nach Veranstaltungen oder Themen suchen.

New blog post: Eine kleine Taxonomie der Funktionen von Twitter-Hashtags in meiner Timeline http://t.co/L2bSDPuW

Kilian Evang / @texttheater, 26. Januar 2012

Eine der ersten Fragen zu Twitter ist meistens: »Was schreiben die Leute denn da rein?« oder »Was soll ich denn jetzt da reinschreiben?«

Twittern ist ganz einfach, wenn man die Sache mit den Haupt-, Stütz-, Füll- und Ziertweets erst mal verinnerlicht hat.

Pathos Galore / @PathosGalore, 5. April 2011

Darauf gibt es keine einfache Antwort, weil unterschiedliche Menschen Twitter unterschiedlich nutzen.

Die einen twittern Links zu Themen, die sie interessant finden.

DICHTEDIALOG: Ein Projekt zur Zukunft von suburbanen Siedlungsräumen in Graz. http://bit.ly/GEZlNV #suburbia #zwischenstadt

Rainer Rosegger / @urban_net, 22. März 2012

Die anderen schreiben auf, was in ihrem Leben passiert, auch wenn das vielleicht nicht viel ist.

Zuchinichremesuppe, Gebackener Seelachs – Painade ohne Ei, Petersilkartoffeln, Krapfen. Mit mir komuniziert halt nur das, was ich fress.

Hermes Phettberg / @Phettberg_McGoo, 9. März 2012

Manche erzählen Geschichten in 140 Zeichen.

Stumm irrte Lorenz zwischen den Autowracks umher. Die Leiche lag mitten auf dem Asphalt. Erst auf den zweiten Blick erkannte er sich.

Florian Meimberg / @tiny_tales, 20. Juni 2011

Andere benutzen Twitter als Kleinanzeigenbörse:

Falls Igel mitlesen: Größerer Laubhaufen (2,5 m^2) in ruhiger Lage zu vergeben. Mietfrei bis Frühjahr. Verpflegung auf Anfrage.

Christian Kintner / @ckintner, 19. Oktober 2009

Und wieder andere nutzen es zur Neubelebung des ansonsten nur noch auf Kalenderblättern dahinvegetierenden Aphorismus-Genres.

»Twitter ist exactly like Oscar Wilde. A huge, wobbly thing built around ›wit‹« #oscarwildeday

Maik Novotny / @the_maki, 1. Dezember 2008

Auch auf Fragen zu entlegenen Themen kann man bei Twitter Antworten bekommen. Oft mehr, als einem lieb ist.

Okay, es würde mir extrem weiterhelfen, wenn auf meinen vorherigen Tweet nur Leute antworten würden, die wirklich schon mal im All waren.

Max Winde / @343max, 12. Juli 2009

Selbst Politiker haben mittlerweile Twitter entdeckt. Nicht nur die der Piratenpartei.

Als @kajo2009 twittert SPD-Bundesgeschäftsführer Kajo Wasserhövel. Ich habe gehört, er verlost unter seinen Followern ein Bundestagsmandat!

Sascha Lobo / @saschalobo, 23. Februar 2009

Manche Nutzer haben gesonderte Accounts für bestimmte Twitterzwecke. Am üblichsten ist wohl eine Mischnutzung.

»Die meisten Reviergesänge sind zugleich auch Werbe- und Balzgesänge, die zur Paarbildung führen sollen.«

Helwig Brunner, »Das Zwitscherchaos eines ganzen Jahres«

Erfolgreiche deutschsprachige Twitterer haben bis zu sechsstellige Leserzahlen. Sascha Lobo hat 100 000, die »Spiegel«-Eilmeldungen 150 000.

Wer auf Englisch twittert und prominent ist, kann auch eine Million und mehr Leser erreichen. Lady Gaga hat 20 Millionen Follower.

Allerdings sind viele davon nicht aktiv. Sie nutzen Twitter nur zum Lesen oder sind wieder abgesprungen. Man weiß es nicht genau.

Anfang 2012 hatte Twitter ungefähr 500 Millionen Nutzer. Jeden Tag werden 250 Millionen Tweets veröffentlicht.

Der Tweets-pro-Sekunde-Rekord liegt im Moment bei 25 000 (Dezember 2011).

Nach einer internen Studie ist Twitter Produktivitätskiller Nummer 2. Knapp geschlagen von vom-Bus-überfahren-werden.

Max Winde / @343max, 18. April 2008

Twitter finanziert sich durch Werbung (eher experimentell) und durch Verkauf des Zugriffs auf die Gesamtdaten (z. B. an Suchmaschinen).

Das Auswärtige Amt der USA bat Twitter im Juni 2009, geplante Wartungsarbeiten wegen der Wahlen im Iran zu verschieben.

Twitter Down Time Rescheduled 2-3p PST (1:30a in Iran). See more here: http://bit.ly/XmcsB #nomaintenance #iranelection

Claude Malaison / @Emergent007, 16. Juni 2009

Auch Twitter wird es eines Tages nicht mehr geben. Es wird noch existieren, aber an Bedeutung verlieren, etwa so wie heute Myspace.

Myspace: 2003 gegründet, Verkaufswert 2005: US$ 580 000 000, Verkaufswert 2011: US$ 35 000 000. Stand 2012: 30 Millionen Besucher pro Monat.

So ähnlich sieht vermutlich die Zukunft von Twitter aus. Aber auch flüchtige Formate haben bleibende Folgen.

Begeben wir uns in die Rolle von Internetarchäologen aus der Zukunft.

Was war eigentlich damals, Mitte der Nuller-Jahre, an Twitter wirklich neu? Welche Möglichkeiten sind erst dadurch in die Welt gekommen?

Das ist nicht so einfach, wie es auf den ersten Blick aussieht. Wir wissen gar nicht so genau, was wann wirklich neu war.

Die einen wissen es nicht mehr, weil man sich sofort an alles gewöhnt: Wie, Mobiltelefone gab es nicht schon immer?

Was hat man eigentlich mit iPhones gemacht, bevor es das Internet gab?
Matthias Bauer / @moeffju, 25. Juli 2009

Aber es gab eine Zeit, in der man ein Gebäude anrufen musste, wenn man mit einem Menschen sprechen wollte. Sie ist noch nicht lange her.

Nicht geräteförmige, sondern eher konzeptuelle Veränderungen sind von vornherein schwierig zu erkennen.

Und man vergisst bei diesen unsichtbaren Veränderungen noch schneller, dass es sie irgendwann einmal nicht gab.

Ehrlich gesagt erinnere ich mich nur noch facebookhaft an die Zeit vor Twitter.
Sascha Lobo / @saschalobo, 7. Juli 2009

Andere wiederum wissen – gerade, wenn es um das Internet geht – gar nicht, dass es dieses Neue überhaupt schon gibt.

Kleine Näherung: 75 % der Leute leben heute gedanklich im 19. Jh., 20 % im 20. Jh. und der Rest jetzt.
Michael Bukowski / @mbukowski, 10. Februar 2012

Aus beiden Richtungen ist es schwierig, das Neue so gründlich zu betrachten, wie es das eigentlich verdient hätte.

Auch die gleichgültige »X ist doch dasselbe wie Y, nur in schneller/einfacher/billiger«-Betrachtung des Neuen greift zu kurz.

Lasse mir SMS erklären. Ist wie Twitter, aber nur an eine Person, und man muss für den Account und die Nachricht bezahlen.
Matthias Bauer / @moeffju, 12. Juni 2009

Die E-Mail ist nicht dasselbe wie ein Brief, nur schneller und ohne Briefmarke. Sie hat grundsätzliche Veränderungen mit sich gebracht.

Auch GPS-Navigation ist nicht einfach nur praktischer als Landkarte und Kompass. Sie kann mehr und erzeugt neue Praktiken.

Und das Fahrrad war nicht nur ein albernes Sportgerät für reiche Dandys, sondern auch das erste Individualverkehrsmittel.

Arbeiter konnten damit ihren Aktionsradius in Arbeit und Freizeit erweitern, was wiederum andere Umwälzungen nach sich zog.

Solche Neuerungen sind nicht nur Vereinfachungen oder Spielereien, sondern grundsätzliche Verschiebungen unserer Möglichkeiten.

Mit »Verschiebungen« meine ich weder »Verbesserungen« noch »Verschlechterungen«. Zunächst werden die Dinge nur anders.

Ob sich die Welt dadurch verbessert oder verschlechtert, ist aus dem kurzen zeitlichen Abstand kaum festzustellen.

Und ob längeres Abwarten hilft, ist auch alles andere als klar, man vergleiche die offenen Forschungsfragen zu den Folgen des Buchdrucks.

»Zu einer umfassenden Bestandsaufnahme der Verluste, die die Einführung des Buchdrucks … gebracht hat, sind wir bislang nicht gekommen.«

Michael Giesecke, »Der Buchdruck in der frühen Neuzeit«

Was also war an Twitter wirklich neu, und welche Veränderungen haben sich bisher daraus ergeben?

1. Das einseitige Followerprinzip. Alle sozialen Netzwerke vor Twitter (also ca. ab 2002) kannten nur zweiseitige Freundschaftsbeziehungen.

Beide Teile mussten eine Beziehung bestätigen. Aber nicht jedes Interesse eines Menschen an einem anderen wird erwidert.

Das kommt bei Lesern und Autoren vor, bei Fans und Musikern, aber auch, wenn Anna Bernds Äußerungen interessanter findet als umgekehrt.

Die Festlegung auf die Freundschaftsmetapher führte etwa bei Facebook zu einer extremen Ausweitung des Begriffs bis zur Inhaltslosigkeit.

Bei Twitter kann man jedem folgen, ohne vorher zu fragen. Ob das Prominente sind oder die eigene Verwandtschaft, spielt keine Rolle.

I have trouble dealing directly with the superstars on Twitter. Can we please filter everything through the media, like in, hm, 2008?

Aleks Scholz / @dalcashdvinsky, 22. Juli 2009

Beziehungen werden dadurch leichter zu knüpfen, internationaler und stärker von gemeinsamen Interessen gesteuert.

Es gibt bei Twitter weniger Höflichkeitsverbindungen als bei Facebook, also Kontakte, die man aus der Schule oder von der Arbeit kennt.

Bei Facebook empfinden viele es als unhöflich, eine Freundschaftsanfrage abzulehnen. Dieser Konflikt entfällt bei Twitter.

Der angelegte Filter ist ein anderer als bei symmetrischen Beziehungen. Die Beiträge fremder Menschen spielen eine größere Rolle.

Im Juli 2011 griff Google+ das asymmetrische Followerprinzip auf. Dadurch geriet Facebook unter Druck und zog im September 2011 nach.

2. Twitter ist vollständig an die Interessen des Nutzers angepasst. Jeder stellt sich sein eigenes Twitter zusammen.

Srsly, wo ist das Problem? Wenn ihr keine pädophilen Tweets lesen wollt, followt halt nicht Pädophilen.

Christian Heller / @plomlompom, 22. Juni 2011

Diese Individualisierung führt immer wieder zu Missverständnissen, wenn jemand Twitter zum ersten Mal betrachtet.

Twitter ist von allen erfolgreichen Neuerungen im Web wahrscheinlich die, die den schlechtesten ersten Eindruck hinterlässt.

Nicht allen erschließt sich auf Anhieb, was diese Individualisierbarkeit eigentlich bedeutet.

»Das meiste, was auf Twitter kursiert, ist belangloses Geschnatter von zweifelhaftem Erkenntniswert.«

Spiegel Online, 6. März 2009, www.spiegel.de/netzwelt/web/0,1518,611127,00.html

Aus dem Archiv: »Banales Geplapper im Drahte: Zweifelhafte Neuerfindung ›Telefon‹« (Der Spiegel, Heft 12/1877)

Maik Novotny / @the_maki, 2. März 2009

Aber jeder Mensch hat eine andere Vorstellung davon, welcher Teil das belanglose Geschnatter und welcher Teil von Interesse ist.

Die Fülle meines Wollens und die Hagerkeit meines Könnens muss ausgetwittert werden!

Hermes Phettberg / @Phettberg_McGoo, 6. Juli 2009

Wer bei Twitter belangloses Geschnatter liest, der hat es sich so ausgesucht.

Der Vorwurf der Belanglosigkeit bedeutet letztlich nur, dass da jemand den Twitterstream eines anderen Menschen betrachtet.

Das ist, als würde man fremde Hosen anziehen und sich dann beschweren, dass sie so schlecht passen. Dem Besitzer passen sie gut.

Auch Vogelgezwitscher ist öffentlich, jeder kann es hören. Aber es ist nicht für jeden gleichermaßen interessant.

Der Vogel meint nicht die Öffentlichkeit. Er meint nur die, die seine Interessen teilen, zum Beispiel fortpflanzungswillige Amseln.

Nur selten hört man: »Was interessiert es mich, dass sich die Amseln paaren möchten! Können die das nicht unter sich ausmachen?«

3. Dass ein Tweet maximal 140 Zeichen lang sein darf, bedeutet nicht nur, dass 141 eben nicht mehr hineinpassen. Es hat Folgen.

Manche sagen, Tweets seien zu kurz für ernsthafte Diskussionsbeiträge. Ich dagegen nehme Diskussionsbeiträge nicht ernst, die zu lang sind.

Christian Heller / @plomlompom, 10. August 2010

Die erzwungene Kürze entlastet den Verfasser: Man ist nicht mehr selbst schuld, wenn man zu einem Thema nur einen einzigen Satz sagt.

Für ein Blog hätte man sich erst einen Beitrag um den Satz herum ausdenken müssen. Oft entsteht stattdessen gar nichts.

Nur nebenbei: das Samsung Galaxy S ist ein superbeschissenes Handy, ich schaff's nur nicht, den notwendigen Rant-Blogpost zu schreiben.

Martin Oetting / @oetting, 10. November 2010

Die Hemmschwelle sinkt, auch einzelne Ideen, Gedankenbruchstücke oder schmucklose Informationen zu veröffentlichen.

Habe ich das »Habe ich das gerade eben getwittert oder nur gedacht« gerade eben getwittert oder nur gedacht?

durst / @durst, 8. Februar 2012

Das wirkt sich auf ganz verschiedenen Gebieten aus, unter anderem auf dem der politischen Mobilisierung.

Nach dem Frühstück als Nr. 37842 endlich die #ACTA Petition unterzeichnet. 50k muss voll werden! http://t.co/eNa7msCX

Jörg Tauss / @tauss, 11. März 2012

Früher gab es keinen geeigneten Ort für die Nachricht »Ich habe gerade die Petition gegen ACTA unterzeichnet«. Jetzt gibt es ihn.

Die Begrenzung auf 140 Zeichen ist auch eine Befreiung vom Druck, alles in längere Texte zu fassen. Dadurch entstehen neue Gewohnheiten.

Lese freiwillig nur noch Twitter und monumentale Lebenswerke. Alles andere erscheint mir unentschlossen.
Daniel R. / @kchkchkch, 18. Oktober 2009

4. Durch die Kürze der Beiträge funktionierte Twittern von Anfang an auch gut unterwegs.

http://twitpic.com/135xa – There's a plane in the Hudson. I'm on the ferry going to pick up the people. Crazy.
Janis Krums / @jkrums, 15. Januar 2009

Das war bei anderen sozialen Netzwerken nicht oder nur mühsam möglich. Vor allem war es – etwa bei Facebook – nicht öffentlich.

Schon früh wurde live aus dem Gerichtssaal getwittert, im deutschsprachigen Raum geschah das erstmals 2009 in Rostock.

Diese juristische Arbeit entstand danach zur Frage, ob Twittern aus Gerichtssälen erlaubt sein sollte: bit.ly/GRXOol

Ein verwandtes Problem sind Profisportler, die aus dem Umkleideraum oder von der Ersatzbank aus twittern.

Das war anfangs sehr beliebt, wurde aber in den USA inzwischen weitgehend durch die jeweiligen Organisationen verboten.

In der NFL etwa müssen die Spieler 90 Minuten vor dem Spiel das Twittern einstellen und dürfen erst nach den Interviews weitertwittern.

5. Twitter ist schnell. Die Berichterstattung im Netz hat sich dadurch beschleunigt.

In seinen Anfangszeiten war das Netz in weiten Teilen noch sehr nah am gedruckten Wort.

Man schrieb Dinge auf Webseiten, die dann erst mal stehen blieben, fast galt es als unfein, sie allzu häufig zu verändern.

Dass es in Blogs seit Ende der 90er Jahre häufig neue Beiträge auf der Startseite gab, war schon ungewohnt schnell für das damalige Web.

Durch Twitter gewöhnte man sich an einen schnelleren Nachrichtentakt im Netz.

Am Nachmittag des 29. Mai 2008 stand ich in Island ratlos vor einem geschlossenen Supermarkt, in dem es sehr unordentlich aussah.

Ich bekam eine besorgte SMS von Sascha Lobo. Ich stand im Epizentrum eines Erdbebens (6,3) und er wusste es vor mir. Durch Twitter.

6. Anders als zum Beispiel bei Facebook ist Öffentlichkeit der Normalzustand und Nichtöffentlichkeit die Ausnahme.

Das bedeutet, dass man sich etwas mehr Mühe geben muss, Beiträge zu schreiben, die nicht nur für Freunde von Interesse sind.

Wenn Twitter ein paar Sekunden »over capacity« ist, werde ich nervös. Wenn Facebook stundenlang ausfällt, erfahre ich es aus der Zeitung.

Anatol Stefanowitsch / @astefanowitsch, 7. März 2012

Durch diese Öffentlichkeit werden Dinge möglich, von denen empirische Sozialforscher vorher nur träumten.

Twitter stellt Programmierschnittstellen bereit, mit denen man – in der Regel kostenlos – von außen auf die Twitterdaten zugreifen kann.

Natürlich nicht auf alle, kaum jemand hat die technischen Möglichkeiten, eine Viertelmilliarde Tweets pro Tag zu verarbeiten.

Aber das ist auch gar nicht nötig, schon aus kleinen Stichproben kann man dieselben Trends herauslesen wie aus der Gesamtmenge.

Die Forschung hat in den wenigen Jahren, seit es Twitter gibt, erst an der Oberfläche dieses Datenbergs gekratzt.

Man kann zum Beispiel anhand positiv oder negativ besetzter Wörter ein Stimmungsbild der Welt erstellen: bit.ly/akikJr

Für diese Studie wurden 509 Millionen Tweets von 2,4 Millionen Leuten in 84 Ländern ausgewertet: sciencemag.org/content/333/6051/1878

In allen Ländern wacht man gutgelaunt auf und bekommt im Laufe des Tages schlechtere Laune. Nach Feierabend bessert sie sich wieder.

Am Wochenende sind die Menschen glücklicher, und im Winter ist man allgemein weniger froh als im Sommer.

Das ist nicht überraschend, aber bisher wurden solche Daten vor allem an Studenten erhoben, keiner sehr repräsentativen Gruppe.

Auch Twitter ist nicht repräsentativ, aber immerhin ist die Streuung dort deutlich breiter: bit.ly/bSPXMt (Achtung, Zahlen von 2010).

Twitterer sind in Alter und Bildungsgrad eine viel heterogenere Gruppe als Studenten.

Außerdem spiegeln Tweets einen Gefühlszustand im Moment des Schreibens wider, keine Erinnerung wie im Uni-Labor.

Und schließlich ist es auch billiger und schneller, diese Daten aus Twitter herauszudestillieren.

Einschränkungen: Aus dem Stau oder vom Frühstück wird gern live getwittert, aus dem Sexualleben nicht ganz so oft.

Orgasmen sind wie Küche putzen. Ich könnte es selber machen, aber es ist viel cooler, wenn ein heisser Typ es tut, und ich dabei twittere.

Marie von den Benken / @Regendelfin, 5. Februar 2012

Man erfährt aus Twitter nur etwas über diejenigen Themen, über die sich die Nutzer öffentlich äußern.

In Wien machen sie alles, was sie auch in Berlin machen, nur schweigen sie bescheiden darüber.
durst / @durst, 5. März 2012

Diese Art der Datenerhebung funktioniert also nicht als Ersatz, sondern nur als Ergänzung zu den bisherigen Techniken.

Auch die Geheimdienste werten natürlich Tweets aus und geben das offen zu: bit.ly/uZS4DB.

Wenn meine Tweets schon an die Marktforschung verkauft werden, sollen bitte auch meine umfangreichen #wasfehlt-Meldungen ausgewertet werden!
dermilde / @dermilde, 29. Februar 2012

Zusammenfassung: 1. Follower-Prinzip, 2. Individueller Nachrichtenkanal, 3. Kürze, 4. Mobilität, 5. Schnelligkeit, 6. Öffentlichkeit.

Durch das Zusammenspiel dieser Punkte ergeben sich neue Möglichkeiten.

Durch 4., 5. und 6. etablierte sich ein Einsatzzweck, für den Twitter heute eine Art Monopol hat: das Veranstaltungstwittern.

Vor Twitter war diese Nische durch Liveblogging besetzt. Aber Liveblogging hat höhere Teilnahmehürden und erreicht weniger Leser.

The @berlinergazette symposium »Learning from Fukushima« has started quite recently. Livestream: http://t.co/akZ4Cu4r Hashtag: #lff2910

Christian Strippel / @strippel, 29. Oktober 2011

Alle Tags zur Veranstaltung tragen dasselbe Hashtag. Manchmal geben die Veranstalter es vor; wenn nicht, finden die Besucher eines.

Schade, dass der Veranstalter keinen Hashtag ausgegeben hat. #Krisenkommunikationsgipfel – ich setze jetzt mal auf #KKG

Sandra Strüwing / @SandraStruewing, 22. März 2012

Veranstaltungstwittern hat zwei Funktionen. Zum einen öffnet es die Veranstaltung nach außen. Abwesende können das Geschehen verfolgen.

Die Anwesenden sind dann etwas abwesender, weil sie nebenbei twittern, aber dafür sind die Abwesenden etwas anwesender.

Zweitens haben auch die Abwesenden die Möglichkeit, sich aktiv zu beteiligen. Das kann auf mehreren Wegen passieren.

Die Anwesenden reichen Fragen, die via Twitter eingehen, an die Redner weiter. Antworten kommen über Twitter oder einen Livestream zurück.

Eine zweite Option ist die Twitterwall (z. B. twitterwallr.com). Dort werden alle Tweets angezeigt, die mit der Veranstaltung zu tun haben.

Im günstigen Fall ist sie so angebracht, dass die Redner oder Diskutanten sehen können, was sich dort abspielt.

»Just as speakers do this in the real world, they must be monitoring the verbal, explicit reactions in the backchannel like Twitter …«
www.web-strategist.com/blog/2009/10/09/how-speakers-should-integrate-social-into-presentations

Damit gibt es erstmals einen Rückkanal vom Publikum zu den Rednern, der konkreter ist als Applaus oder gelangweiltes Stühlerücken.

Und der Kontakt nimmt auch nicht nur ein paar Alibiminuten am Ende ein, in denen das Publikum dann Fragen stellen darf.

Das Ganze scheitert allerdings häufig daran, dass es am Veranstaltungsort nicht genug Internet oder keinen Handyempfang gibt.

»Ihr lacht über mich, weil ich kein re:publica-Ticket habe, aber ich lache über euch, weil ihr alle kein Internet mehr habt.«

Herr Zivilschein / @Zivilschein, 13. April 2011

Öffentlichkeit bedeutet auch: Twitter ist inzwischen ein beliebter Feedbackkanal für Lob und Kritik an Unternehmen.

Unternehmen sehen Kritik naturgemäß lieber in den dafür vorgesehenen Beschwerdekanälen, wo sie für die Außenwelt unsichtbar bleiben.

Bei Twitter hingegen ist die Kritik öffentlich und lässt sich auch nicht einfach löschen wie z. B. auf Facebook-Unternehmensseiten.

Verbraucher haben damit einen Hebel, Unternehmen zu einer Reaktion zu bewegen.

Das klingt attraktiv nach David vs. Goliath, ist aber nicht unproblematisch. Es funktioniert auch dort, wo man selbst der Empfänger ist.

Wissenschaftler etwa diskutieren derzeit, wie wünschenswert das sofortige Kritisieren wissenschaftlicher Veröffentlichungen ist.

Microblogging entfaltet seine Wirkung dabei vor allem als Transmissionsriemen. Die eigentliche Information steht woanders.

So gelangt sie auch zu denjenigen, die die ursprüngliche Publikation gar nicht lesen.

Ein wesentlicher Unterschied zu Kettenbrief, Mail oder Weitersagen ist der, dass die Nachrichten bei Twitter weniger stören.

Mails gehen häufig mit Handlungsaufforderungen einher. Schnell sind die Empfänger überfordert. Das System E-Mail skaliert nicht.

Bei Twitter strömt alles vorbei, man kann hinschauen, muss aber nicht, ein bisschen wie Radio. Wichtiges kommt wieder.

»... eine Kultur des Verpassens entwickel[n]: die Fähigkeit, den schneller werdenden Passierstrom an sich vorbeirauschen zu lassen ...«

Sascha Lobo, www.spiegel.de/netzwelt/netzpolitik/0,1518,741682,00.html

Man muss sich als Absender wenig Sorgen machen, die Empfänger zu stören.

Seit wenigen Jahren ist es dadurch viel einfacher, eine Information sehr schnell sehr breit zu streuen.

Ein Beispiel: wir-sind-einzelfall.de. Der Initiator hatte immer schlechteren Handyempfang, wurde aber von O2 als »Einzelfall« abgetan.

Nach Aufruf über Microblogging-Kanäle kamen auf der Website innerhalb weniger Wochen 10 000 solche Einzelfälle zusammen.

Der Konkurrent T-Mobile schaltete Werbung, die Presse berichtete, O2 meldete sich zügig zu Wort und versprach Abhilfe.

Ein zweites Beispiel: ushahidi.com wurde 2007 gegründet, um Informationen aus Krisengebieten zu sammeln und weiterzuverteilen.

Beim Haiti-Erdbeben 2010 suchten Ushahidi-Freiwillige in Boston Ortskoordinaten zu SMS-Hilferufen Verschütteter.

Verschüttete hatten sich aus einem unauffindbaren Laden namens »Un Bon Prix« gemeldet.

URGENT Please RT need address of Un Bon Prix, near Napley Inn Hotel, people trapped!
Ushahidi / @ushahidi, 18. Januar 2010

@ushahidi he worked there cLL HIM MARC HENRY LOUIS 742E 46TH STREET BROOKLYN, N.Y. 11203 PHONE (347)819-5811 marchenrylouis@yahoo.fr

sarapouly (Twitteraccount nicht mehr existent), 18. Januar 2010

Die Ushahidi-Mitarbeiter riefen Marc Henry Louis an, ließen sich den Weg erklären und dirigierten die Hilfsmannschaften zu »Un Bon Prix«.

Vielleicht denken Sie jetzt: »Jaja, das Internet, das kann ja immer alles Mögliche«.

Aber das hätte noch vor fünf Jahren nicht funktioniert. Blogs erreichten weniger Leser, alles dauerte länger.

Bei O2-Problemen ist es verkraftbar, wenn die Reaktion auf sich warten lässt, bei Erdbebenverschütteten nicht.

Dieser Hebel hat zur Herausbildung einer neuen Art der politischen Betätigung geführt.

Oder zu »einer neuen politischen Klasse« (Jeannette Hofmann, Politikwissenschaftlerin, in einem Böll-Stiftungs-Vortrag 2012).

»Insbesondere mit Social Media gibt es neue Formen des Ausdrucks kollektiver Willensbildung und Interessenvertretung …

… wie es sie vielleicht seit dem Entstehen der Gewerkschaftsbewegung im 19. Jahrhundert nicht mehr gegeben hat.«

Bernd Holznagel / Pascal Schumacher, www.uni-muenster.de/Jura.tkr/digitalconstitution/?p=353

Man hört zwar häufig die Aufforderung, sich nicht im Internet zu betätigen, sondern auf die Straße zu gehen und zu demonstrieren.

Aber das ist nicht die einzige Form der politischen Betätigung.

Und diejenigen, die da politisch aktiv werden, sind nicht dieselben, die früher stattdessen auf die Straße gegangen wären.

Es sind die, die früher gar nichts getan hätten. Die Einstiegsschwellen für die politische Betätigung sind gesunken.

Auch das ist natürlich nicht uneingeschränkt positiv. Oder nur so lange, wie es um die eigenen politischen Vorlieben geht.

Im Moment werden die neuen Möglichkeiten vor allem für liberale bis linke Positionen genutzt. Das wird nicht immer so bleiben.

Wenn die Einstiegsschwellen für politische Betätigung und für Mobilisierung von Menschenmengen sinken, dann sinken sie für alle.

In der fiktiven Zukunft, aus der wir auf das Twitter von 2012 zurückblicken, sind hoffentlich einige Probleme von heute gelöst.

Es gibt bisher kein brauchbares Empfehlungssystem, das bei Twitter, Facebook oder Google+ Leser zu interessanten Autoren führt.

Ob man auf Lesenswertes stößt, ist weitgehend Zufall, wenn man nicht dauerhaft viel Zeit und Mühe in die Suche investieren will.

Alle drei großen Microblogging-Anbieter schlagen vor allem prominente Nutzer vor, anstatt sinnvolle persönliche Empfehlungen zu erzeugen.

Ein zweites ungelöstes Problem: Die Suche in älteren Beiträgen funktioniert nur sehr eingeschränkt.

Nicht einmal Google bietet in seinem eigenen sozialen Netzwerk Google+ eine brauchbare Suche.

Alle Beiträge verschwinden nach ein paar Tagen. Sie sind zwar noch gespeichert, man hat aber kaum eine Chance, sie wiederzufinden.

Das war ein Blick in die Vergangenheit von morgen. Wir waren dabei, als eine Entwicklung die Welt verändert hat.

Das ist nicht so ungewöhnlich, es geschieht alle paar Jahre.

Handy, GPS, WWW, Computer, TV, Radio, Strom, Auto, Telegrafie, Eisenbahn, Dampfmaschine, Aufklärung, Buchdruck, Christentum, Landwirtschaft.

Irgendetwas verändert immer gerade die Welt, und wir stehen drumherum und sagen »Wir leben in interessanten Zeiten.«

Später kann sich dann niemand mehr vorstellen, dass es irgendwann einmal keine Landwirtschaft gegeben hat.

Und schon jetzt ist schwer vorstellbar, dass das, was ich hier beschreibe, vor fünf Jahren nicht möglich war.

Deshalb muss hin und wieder jemand einen Vortrag über die Dinosaurierknochen der Gegenwart halten. Vielen Dank.

Franz Schuh

Trunksucht als Menschenmöglichkeit

Es bedarf ja wenig, dass einem starke Persönlichkeiten – wie zum Beispiel Claus Peymann – auf die Nerven gehen. »Die Berühmten« sind ja überhaupt eine Plage. Aber es gibt eine Meinung von Peymann zum Thema Künstler und Alkohol, die so präzise in eine Seite des Themas einführt, dass ich sie dankbar zitieren muss. Es war damals, als die Sendung »Kulturzeit« ein Jubiläum feierte und die Redaktion deshalb ein paar Berühmte um sich scharte. So erzählte Peymann der Kamera von seinen Wiener Triumphen und davon, wie in Wien die Theaterkunst und die Schauspieler geliebt werden: Am Tag nach der Premiere von Richard III. hätten die Männer in ganz Wien die Frisur des Protagonisten, des großartigen Gert Voss getragen. In Berlin, so Peymann, wäre alles ganz anders, da liebten sie höchstens »einen Alkoholiker wie Harald Juhnke«.

Ja, wir Leute aus dem Wedding empfinden etwas gröber als die Wiener und der Präzeptor Austriae aus

Bremen. Bei einem wirklich verfeinerten Volk, also bei den Franzosen, gilt die Trunksucht als niedrigste Art, sich aus der Lebensbahn schleudern zu lassen, weshalb sie, so Montaigne, nur bei einem Volk Ansehen genießt: bei den Deutschen. Ich will im Folgenden ausnahmsweise nicht dem Alkohol zusprechen, sondern vom Alkoholismus sprechen, und beginne damit, wie selbst in avancierten Kreisen, also in solchen, in denen man von avantgardistischen Ansprüchen und Sprüchen lebt, der Terminus »Alkoholiker« diskriminierend eingesetzt wird. Das fällt mir oft auf, einmal zum Beispiel, als ein berühmter Dichter einigen der Kritiker, die ausgerechnet bei seinen Premieren im Plüschsessel herumlungern, ihre Lebensschwäche, das Trinken, vorhielt. Mit dieser Vorhaltung machte er die verhasste Kritik einerseits herunter, anderseits aber rief er den Kritikern solidarisch ihre Schwäche in Erinnerung: Menschen, Menschen samma alle, und daran möge der Kritiker, dieser Säufer, denken, wenn er kalt das Werk des Künstlers durch Kritik diskriminiert.

Ich beklage keineswegs, dass die einen die anderen mit der Bezeichnung »Alkoholiker« herabwürdigen. Sie sollen auf- und abwürdigen so viel sie wollen. Es ist ihnen nicht zu helfen. Aber für meine Überlegungen zum nicht gerade originellen Thema »Literatur und Alkohol« hat es Folgen: Ich werde die Namen der meisten nicht nennen, deren Beispiel mir im Kopf herumgeistert, wenn ich von Alkohol und Literatur spreche. Ich selbst habe hin und wieder den Terminus »Alkoholiker« unschuldig, ohne

Hintersinn, nur als Faktenbeschreibung verwendet. Es gibt nichts, wodurch Menschen sich unterkriegen lassen, wodurch sie zugrunde gehen, das ich ihnen vorwerfen würde. Aber es war eine Dummheit daran zu glauben, alle würden bei der Neutralisierung eines solchen Terminus mitspielen: Vor Jahrzehnten »castete« der ORF-Gesprächsleiter für den Club 2, und ich war Mitdiskutant bei einem der Probeläufe. Während meine Gruppe auf den Auftritt wartete, sahen wir über Bildschirm einer anderen Gruppe beim Üben zu. Unglücklicherweise wurde ich beim Zuschauen gefragt, wer denn da diskutierte, und ich beschrieb mit bestem Wissen und Gewissen die Leute. So sagte ich über einen Schriftsteller: »… und er da ist Alkoholiker.«

Ich meinte es rein sachlich, es war offenkundig, und der Mann hatte sich in dieser Eigenschaft auch einen Namen gemacht. Seine Lebensgefährtin, die neben mir saß, griff mich aber sofort und zu Recht an. Dabei ging sie jedoch so weit, diese Bezeichnung für den Mann überhaupt in Abrede zu stellen: Er sei kein … Recht hatte sie, weil niemand zu jeder Zeit durch *eine* Eigenschaft allein bestimmt ist, obwohl gerade bei »Süchtigen« (wie die Mediziner und noch schlimmer die Laienmediziner, also alle Menschen vereinfachend sagen) diese eine Eigenschaft das Kommando schließlich übernehmen kann. Aber niemand darf sich von vornherein, und noch dazu im Konversationston, festlegen lassen, und man soll jedem, der eine solche Festlegung eines anderen versucht, über den Mund fahren.

Gott sei seiner Seele gnädig, der besagte, von mir sträflich als »Alkoholiker« bezeichnete Mann lebt heute nicht mehr. Übers Trinken habe ich viel von ihm gelernt, zum Beispiel über den Unterschied von nüchtern und betrunken. Eines Tages rief mich jemand an, der in der Justiz arbeitete. »Kennst du den?« – »Ja, und warum denn?« – »Ach, ich hab' ihn interviewt.« – »Du meinst wohl verhört ...« – »Ich hab' ihn verhört!« – »Ja, und?« – »Der Mann legt nieder wie ein Einser ... Er beschuldigt sich selbst und die halbe Welt. Er liegt vor mir im Staub, und kaum, dass ich etwas gesagt habe, will er es schon gewesen sein.«

Das kam davon, dass die Einvernahme in der Früh stattfand. Zu dieser Zeit hatte der Mann noch nicht ausreichend getrunken, um zu seinem Selbstbewusstsein zu gelangen. Ich werde auf ihn zurückkommen, aber jetzt fällt mir ein Freund ein, leider ebenfalls verstorben, der einer der klügsten Menschen Österreichs war, ein Dichter und ein Intellektueller, ein Wissenschaftler. Er wiederum trank in Quartalen, und in seinen nüchternen Zeiträumen war dieser wunderbare Mensch, der voll berechtigter Renitenz sein konnte, angepasst, spießig und ängstlich. Ich glaube, beide waren Machttrinker, und das scheint mir heute auch charakteristisch für die Zeit damals gewesen zu sein: für die bis in die siebziger Jahre fortdauernden fünfziger Jahre. Gerade begabte Menschen, Künstler, stießen auf die beinharte, austriazistische Gummizelle. Viele waren zur Ohnmacht verdammt, überall trafen sie mit ihrer Begabung auf ein selektives, gut organisiertes Unverständnis, und heute würde man sagen, nicht jammern, sondern arbeiten hätten sie sollen. Das wussten einige damals schon. Ein Maler, dessen Bilder mir viel bedeuten, war auch ein Trinker fantastischen Ausmaßes gewesen. In einem Film über sein Leben erzählte er von seinem Freund (und dieser Freund war wieder der von mir als »Alkoholiker« beschriebene Mensch – wo einer in Wien trank, saß der Sogenannte schon immer mit am Tisch). Der Maler erzählte von Sauforgien, die bis ins Morgengrauen dauerten. Aber während sein Freund dann in der Küche seinen Rausch ausschlief, arbeitete der Maler an der Leinwand, und ich hatte das Gefühl, als der von mir geliebte Maler das erzählte, weihte er die Zuschauer in eine List ein, die er jedem ans Herz legte.

Aber die meisten Menschen dieser Szene waren damals in ihre Verzweiflung eingeschnürt, und diejenigen, die die Fesseln endlich und beispielhaft loswurden, sind heute berühmt. Thomas Bernhards grandioser und nüchterner Auftritt in der Szene, die mit diesem Auftritt sofort eine andere war, hat für mich im Rückblick etwas von einem (ambivalent inszenierten) Befreiungsschlag, durch den nicht wenig von dem, an dem seine unterlegenen Konkurrenten damals scheiterten, zum Vorschein kam. Er demonstrierte, wie man das Spiel machen musste, das alte Spiel von Genie und Wahnsinn, ohne dabei unterzugehen.

Machttrinker sind Menschen, die sich betrunken mächtig vorkommen. Man kann auch zynisch sagen, es sind ohnmächtige Menschen, die zum Zerstören am Ende nur sich selber haben. Bis dahin zerstören sie, so gut es geht, auch andere, aber weil sie so zerstörerisch mit sich selbst umgehen, kann man glauben, dass sie bei den anderen gar nichts dafür können. Sie bezahlen endgültig eine Rechnung, die zwar noch andere Posten hat, aber in Summe geht die Rechnung auf sie. Im Zeitgeist der Subkulturen, auch der Subkultur einer schreibenden Intelligenz, lag damals der machistische Exzess, dessen Pathos eine aggressive, verletzende Männlichkeit einerseits legitimierte, andererseits aber die halben Männer in ganze Kinder verwandeln konnte: Die Verwandlung ging bis in das Detail, dass ein bestimmter Dichter in Wien gut beraten gewesen wäre, Windeln zu tragen. Ich erinnere mich außerdem an einen wahrhaft avantgardistischen Dichter, einen Meister auch in der avantgardistischen Dichtungstheorie. Es geschah auf akademischem Boden: Der Germanist Schmidt-Dengler begann damals seine Karriere und er diskutierte fabelhaft sogar mit der Avantgarde. Der Dichter, einer von größter Bedeutung, nahm beständig einen Schluck nach dem anderen aus einer Zwei-Liter-Flasche Wein, die er unter dem Tisch untergebracht hatte. Nach glänzenden Diskussionsbeiträgen verwandelte, ja zersetzte sich allmählich sein Rededuktus. Am Schluss lallte er wie ein Kind, das die Sprache noch nicht beherrscht.

Die Idee vom Machttrinker habe ich von dem zitierten Wissenschaftler und Intellektuellen, der ein Spezialist nicht zuletzt für Suchttheorie war. Jüngst wurde ich von einem seiner Kollegen (bei dem ich mir einbilde, dass er früher selbst trank, von dem ich aber ganz sicher bin, dass er heute keinen Tropfen mehr anrührt) an etwas erinnert: Der hervorragende Suchttheoretiker und Suchtpraktiker war mit seiner Intelligenz so überlegen, dass er der Fachärztin für Psychiatrie, die seine Alkoholsucht behandelte, plausibel machte, sie müsste ihr Therapiekonzept lassen und seines übernehmen. Der Mann hatte – in bestimmten Situationen – überhaupt ein Charisma, eine irritierende Überzeugungskraft: Eines Morgens, mitten im Morgengrauen, stand er vor meiner Tür – komplett nüchtern. Er setzte mich sofort darüber ins Bild, dass er die halbe Nacht mit einem Freund (nämlich – schon wieder – mit demselben, mit dem im nüchternen Zustand alles gestehenden Dichter) verbracht hatte, ohne aber – anders als dieser – Alkohol getrunken zu haben: »Nicht ein Bier!«

Und er hörte nicht auf, diese Geschichte wieder und wieder zu erzählen. »Ich war mit ihm die halbe Nacht unterwegs, er trank. Was ist der doch für ein Säufer«, und vor allem die Moral von der Geschichte: »Nicht ein Bier!«, und immer wieder: »Nicht ein Bier!« – Das hörte ich mir an, und ich kann nicht leugnen, dass ich stolz auf meinen asketischen Freund war, bis zu dem Augenblick, da er ohne Übergang und ohne Scham zu mir sagte: »Gehst mit auf ein Bier, Franz?«

Das eine ist die besagte Machtgeschichte, das andere ist dieses *Kippen*. Ich selbst bin im Ansatz auch ein Säufer, aber meine eigentliche Sucht, durch die ich bin, der ich bin, ist die Fresssucht. Ich lebe im existenziellen Wackelkontakt, einmal schlägt es in die Diät um, ein anderes Mal in die Völlerei. Die Völlerei gewinnt – was das Vorlaufen zum Tode und die Todesursache betrifft. Was die irdische Qual betrifft, siegt die Diät. Ein ausgekochter Süchtiger hat über sich keine Illusionen mehr und er staunt darüber, wenn andere sich welche machen: In Österreich gibt es eine Sängerin, die eine schöne, etwas triefende Stimme hat und außerdem das Talent, auf charmante Weise ordinär zu sein. Diese Person aus der Steiermark ist mir eine Kollegin in der Fettsucht. Eines Tages jedoch erschien sie im Fernsehen, natürlich weil sie *ein Buch* geschrieben hatte. Aber nicht nur das – sie hatte auch ihren Ganzkörperhabitus verändert, war schlank wie eine Gerte und sprach vor der Kamera von weiteren 10 Kilogramm, die sie demnächst abnehmen werde. Die Menschen vor den Empfangsgeräten mögen gestaunt haben, aber mir war klar, meine Kollegin wird umkippen. Bald, dachte ich, ist sie wieder die prächtige Kugel, die ihrem Gesang Resonanz verleiht.

Nein, es ist nicht so, dass ich jeden Menschen in seiner Falle verloren sehe. Ich glaube sogar an die Macht eines jeden, sich souverän vom Übel zu befreien, sich am eigenen Zopf, entlang der eigenen Windungen und Verwundungen aus der Misere herauszuziehen. Aber ich bilde mir ein, das eventuelle Kippen vorausahnen zu können, und zwar an der neurotischen Intensität, mit der wir Süchtigen im ernüchterten Zustand diesen ein für alle Mal zu prolongieren behaupten …

Die Spiegelungsapparate der Gesellschaft, die sogenannten Medien, verstärken die Wucht des Kippens. Verstärker sind auch andere Einrichtungen, die grobflächige Images bilden: zum Beispiel der Tratsch in einer Stadt, die sich gerne mit einer alkoholisierten Boheme schmückt. Es gilt auch für Milieus, die ihre Attraktivität nach außen mit einem (vermeintlichen) Angebot an Exzessen im Inneren untermauern. Dazu zählt der Kunstbetrieb, der in seinen verschiedenen Höhen und Tiefen von sich selbst geblendet ist: Seltsam, wie Harald Juhnke zu glauben schien, er wäre ausgerechnet besoffen am Klimax seiner Männlichkeit. Ich habe das Bild dieser unendlichen Müdigkeit vor mir, mit der der Schauspieler übernächtigt im Schlafrock in seinem Hotelzimmer saß. Auf dem Tisch standen die leeren Champagnerflaschen, und der Fotograf hatte Juhnke erwischt, als er noch nicht angekleidet war. Man sah ihn im Schlafrock und er wirkte schmierig wie der Kneipenwirt bei den Simpsons. Im Schlafzimmer musste noch eine junge Frau gewesen sein, die ihn durch die Nacht begleitet hatte und die zu ihrem Glück sicher nichts von einem Rausch verstand, der einen Trinker am Morgen zittern macht.

Das alles war Unglück genug, aber Harald Juhnke hatte es in der Zeit danach wieder einmal geschafft, er wurde »trocken« – und auch mit dieser Nummer trat er im Fernsehen auf: Er hielt ein Referat über einen Arzt in der Schweiz, der ihm den Befund ausgestellt hatte, ein Schluck noch und das wäre das Ende! Juhnke hielt sich fest an diesem Verdikt und bedrängte unterschwellig das

Publikum, es müsse doch glauben, in so einer dramatischen Situation (»auf Leben und Tod«) würde nicht einmal ein Harald Juhnke »rückfällig« werden. Für so ein Sich-Zeigen in aller Öffentlichkeit ist es notwendig, in eigener Sache sehr viel Schein zu mobilisieren. Wie ernst man es auch immer meint, mit sich und den anderen, man muss imaginative Kräfte entfalten, um zu überzeugen. Auf den Schein kann sich dann aber niemand in der Situation stützen, in der es für ihn ernst wird. Die zum Schauspiel ausgeweitete Bekehrung zur Abstinenz hat keinen Boden, der einen trägt. Sie bereitet den Absturz vor, das *Kippen* – so wie der zitierte österreichische Intellektuelle, der mich zunächst als Publikum für seine glückliche Abstinenz gebrauchte, um dann aus mir endlich einen Saufkumpanen zu machen.

Die Gefahr des Kippens liegt, von allen äußeren Umständen abgesehen, in der grundsätzlichen Entscheidungssituation eines Trinkers vor allem auf der letzten Stufe seiner Karriere. Es ist das *Entweder-Oder*, in das er sich nicht ohne Lust hineinmanövriert hat: entweder Trinken oder Nicht-Trinken, das ist die Frage, bis es eben keine Frage mehr ist. Es gibt keine Wahl, man ist aus Überlebensgründen ein für alle Mal festgelegt – und da hat Nietzsche doch gesagt, der Mensch sei das nicht festgestellte Tier. Juhnke quittierte 1999, als er zwei Jahre trocken war, in der Fernsehsendung »Zimmer frei« die Frage, ob seine Hand früher, in »den alten chaotischen Zeiten« gezittert hätte, mit dem alten Witz: »Trinken Sie viel, Herr Juhnke?« – »Ne, das meiste verschütte ich.«

Das war eine gefährliche Erinnerung an eine Zeit, in der der Trinker als Lausbub im Showbusiness durchging und damit für sich Reklame machte. Es war eine Zeit, in der er noch nicht ins verdammte Entweder-oder-Joch eingespannt war.

Diese Spannung ist gut für die religiöse Verzückung, hervorragend für die exklusive philosophische Haltung, aber um sie alltäglich auf der richtigen Seite durchzuhalten, müsste man genau jene starke Persönlichkeit sein, die man eben nicht ist, weil man ja sonst nie in diese Lage gekommen wäre. Höchste Achtung allen, die durchhalten, aber auch ein Verständnis für die, die es am Ende nicht konnten. Gewöhnlich lebt der Mensch eher im Grau-in-Grau als im Entweder-Oder, und wann immer einer ins Entweder-Oder hineingerät, muss er sehr viel Allzumenschliches in sich überwinden. An den Berichten über Juhnkes Abschiedstrunk im Jahre 2000, in Baden bei Wien, in der Bar »Filou«, fällt mir die Behauptung auf (die wahrscheinlich nicht nur verlogen ist), Juhnke sei »entspannt« gewesen. Ja, er kippte in der Julinacht zehn doppelte Whiskys, acht doppelte Wodkas, und er sang – genauso wie 1999 in »Zimmer frei« – »Volare (Nel blu dipinto di blu)«.

Aber in jener Nacht machte er auch seinem Daseinsjoch ein Ende. Wie in der Rolle des Erwin Sommer im Film »Der Trinker« hatte er in Baden bei Wien einen Gehilfen: »Ich bin Barkeeper, natürlich bekommt einer, was er bestellt«, sagte der Inhaber des »Filou« mit der unbestechlichen Logik seines Gewerbes. Am Morgen im

Hotel, als der Arzt kam, schwatzte der Trinker diesem noch eine Flasche Wodka ab, mit dem Hinweis, die Entzugserscheinungen würden gewiss fürchterlicher sein als die Folgen des Genusses. Der Schauspieler Juhnke, der übrigens auch in Wien geliebt wurde (Peter Turrini zum Beispiel sang ihm ein Loblied), hätte sich daran erinnern können, dass er diese Szene schon einmal gespielt hat: 1994 im »Trinker«. Da stand er vor dem Staatsanwalt, beschuldigt des Mordversuchs an seiner Frau. Er flehte in seiner Rolle den hinzugezogenen Arzt an, ihm – wegen der Entzugserscheinungen! – zu trinken zu geben.

Der wirkliche Juhnke, also der Mensch, der mit beiden Beinen auf der Bühne stand, hatte früher ein rundes Gesicht. Er konnte später immer noch ein rundes Gesicht *machen*. Aber seine Krankheit bescherte ihm einen mageren, grausamen Zug um den Mund. Auch die lächelnden Entertainer-Augen hatten etwas Hartes und Eigensüchtiges angenommen. Das Runde war allmählich aus seinem Gesichtsausdruck verschwunden. Der Habitus im Ganzen verbarg diese bösen Zeichen, die der Schauspieler Juhnke im »Trinker« virtuos ausstellte. Dieses Spiel mit Sein und Schein enthält für das Sein ein großes Risiko, zumal so ein Spiel überhaupt dem Trinker eigen ist: Erwin Sommer in Falladas Buch »Der Trinker« wundert sich darüber, dass sein Entzug ihm leichtfällt, und er schließt daraus, dass er nie ein wirklicher Trinker gewesen ist. So war er wohl nur ein scheinbarer, und diese Sicht der Dinge ist bei Sommer ein Indiz dafür, dass er ein wirklicher Trinker sein muss.

Im Übrigen ist Sommer auf eine bekannte Weise ein Machttrinker: Er ist der Typ Mann, der auch deshalb trinkt, weil er sich seiner Frau unterlegen fühlt. Nicht nur geschäftlich – sie führt den Lebensmittelhandel, von dem beide leben – klüger als er, sondern auch physisch überlegen. Den Mordversuch an seiner Frau erklärt er dem Amtsgerichtsdirektor: »Aber, Herr Direktor, ich habe meine Frau doch auch nicht totschlagen wollen, das war doch nur so betrunkenes Gerede, weil ich gern den Koffer haben wollte und weil meine Frau doch stärker als ich ist.« Im Koffer war Hab und Gut, mit dem er die Kosten für den Schnaps bestreiten wollte, und der Einbrecher ins eigene Haus ist völlig außerstande, die Güte, das Verständnis seiner Frau, ihre Hilfsbereitschaft und Solidarität zu erkennen. Ich vermute, die Frau verkörpert Sommers eigenes Gewissen, welches sich im Untergang zu zersetzen beginnt. Es ist nicht untypisch, dass Männer ihre höchstpersönlichen Kämpfe in einen Geschlechterkampf (denn auf diesem Gebiet fühlen sie sich sicherer) umfunktionieren und aus der Frau, dem eigenständigen Wesen, werden Projektionen, an denen der Mann seine eigenen Defekte rücksichtslos bearbeitet. Sie fühlen sich sicherer, auch weil sie zu spüren glauben, die ihnen angehörige Frau ad infinitum peinigen zu können, ohne sie verlieren zu müssen. *Sie bleibt*, auch wenn der Mann sich bereits anders orientiert hat: Sommer hat die Frau schon gefunden, die ihm nicht sein Gewissen ist, sondern im Gegenteil, seine Gewissenlosigkeit: Sie heißt Elinor, ist ein Schankmädchen, also professionell für seinen Schnaps zuständig. Er nennt sie Königin, genauer französisch: »Elinor, la reine d'alcool ...«

In der Heil- und Pflegeanstalt (nach dem Gefängnisaufenthalt) ist Sommer mit einer charakteristischen Phantasie beschäftigt, durch die er eine Niederlage wollüstig kompensieren möchte: Er fühlt sich vom Arzt – nach einer ersten Unterhaltung – einerseits missverstanden und andererseits durchschaut. Diese Ambivalenz ist typisch, sie entspricht der Unterwürfigkeit einerseits und anderseits seiner inneren Renitenz, diesem sich Aufpudeln zur Grandiosität: »Manchmal wollte ich mir als so schwerer Verbrecher wahrhaft glorios verrucht vorkommen.« Aber vor dem Medizinalrat in der Anstalt schämt er sich wie ein Kind: Er ist durchschaut worden, er hat im Gespräch seinen Alkoholkonsum mengenmäßig heruntergestuft und die Entzugserscheinungen geleugnet. Und dennoch glaubt er: Ich bin doch ein ganz anderer als derjenige, als der ich gerade entlarvt wurde!

Gegen die Beschämung mobilisiert er Rachefantasien: Er wird das Geschäft hinter dem Rücken seiner Frau verkaufen, ein (auch ihr) verhasster Konkurrent wird den Chefsessel einnehmen. In seinen Fantasien spekuliert Sommer last but not least mit seinem eigenen Tod, für den die Frau sich schämen soll: »In der Nacht dann würde ich mich am Pflaumenbaum vor ihrem Fenster erhängen, einen Zettel in der Tasche, wer ich sei und dass ich ihr alles mir angetane Unrecht verziehe ... Tränen der Rührung über mein unseliges Schicksal traten mir jetzt in die Augen, und diese Phantasien, so kindisch sie auch waren, beruhigten mein Herz doch ein wenig.«

Die Stärke der Frau wird den Trinker – nach seiner »erfolgreichen« Entziehung – zu seinen letzten Schlucken motivieren. Diese Stärke besteht nämlich darin, dass die Frau am Ende sogar die Kraft hat, ein neues Leben zu beginnen, natürlich ohne den Trinker, den sie für geheilt erachtet. Sie unterhält sich mit ihm, dem nunmehrigen vermeintlichen Nicht-Trinker, freundlich, auf der Basis ihrer Meinung, einer bequemen Naivität, dass er es *hinter sich* hat, immerhin, während sie hingegen es *vor sich* hat, auch eine neue Ehe, nämlich mit dem besagten, überhaupt nicht mehr verhassten Konkurrenten, mit dem sie nun auch geschäftlich zusammengehen wird. Sie erzählt dem in ihren Augen geheilten Sommer von ihrem Glück, so wie man es einem Bekannten erzählt, den es im Grunde ja nichts angeht. Und er hatte immer schon *das Glück des Trinkens* mit dem Hintergehen ihrer Autorität kombiniert: »Es machte mir Vergnügen, die Flaschen gewissermaßen unter Magdas Auge einzuschmuggeln …«

Dieses Autoritäts- und Machtproblem: Ich glaube, der Grund, warum im Gefängnis der Entzug dem Kranken so leicht zu fallen schien, ist derselbe, warum mein Appetit, meine Fresslust in Kurhäusern oder in verwandten Anstalten niemals über das im Diätplan vorgeschriebene Menü hinausreicht: Totale Institutionen bauen den Insassen in ihr Entscheidungsmodell ein. Es ist für ihn entschieden – *sie* sind die Autorität, der man sich unterwerfen kann, ohne lernen zu müssen, wie man *für sich selbst* die richtige Entscheidung trifft. Ich kann eine grausame Anekdote erzählen, in der das ambivalente Machtspiel der Trunkenheit, ein Spiel von Triumph und Unterwerfung, seltsam angeheizt und gestoppt wurde. Wie alle meine namenlosen Beispiele stammt auch dieses aus einer Zeit, in der der Alkoholismus im Rahmen einer machistischen Spätboheme fröhliche Urstände feierte. Damals hatten die literarisch tätigen Trinker eine Bühne, sie veranstalteten ihr Theater öffentlich, in den Gaststuben und Weinkellern. Im »12 Apostelkeller« wurden keine Messen abgehalten, sondern es ging dort anders inspiriert zu.

Meine Geschichte spielt allerdings in einem Kaffeehaus, das ein junger Mann mit seiner Freundin besuchte. Er trug Krawatte und er war auch sonst konventionell gekleidet. Zwei Kumpanen rochen in ihm den Fremdkörper und sie griffen sofort an. Über die junge Frau und den jungen Mann ging ein Feuerwerk des bösen Witzes los, eine Spaßorgie gegen zwei Menschen. Eine Zeitlang ertrug es der Junge, bis er aufstand und im Stile eines Vortrag machenden Beamten den beiden betrunkenen Literaten erklärte: »Ich kann nicht solche Witze machen wie ihr, aber«, sagte er, und in dem Augenblick schritt er schon zur Tat, »ich kann euch eine runterhauen.«

Die Ohrfeigen fielen furchtbar aus, der eine flog in die eine Ecke, der andere in die andere. Nun waren die Spötter in der unbequemen Lage, nicht einfach aufhören zu können, weil sie sonst die Überlegenheit der physischen

Gewalt über den Geist hingenommen hätten. Sie spöttelten, nun schon etwas dumpfer, weiter. Darauf wurde ihnen vom jungen Mann noch einmal dasselbe verabreicht, und von diesem Moment an herrschte Stille.

Ich lehne Gewalt ab, sie ist nie so effektiv, wie sie gerne erscheint. Für mich ist die Geschichte nur das Ende einer Boheme-Attitüde. Es war in der besprochenen Zeit unter einigen Dichtern Usus, einander gezielt fertigzumachen. Unglaubliche Zniachterln rissen besoffen das Maul auf und versuchten planmäßig irgendeinen Kollegen mit Bemerkungen zu zerstören, echt zu zerstören. Das Saufen steigerte die Chance, dass es gelingen könnte – es befreit ja die einen von der Selbstkritik und macht die anderen zu Opfern, die sich mit schwerem Kopf nicht zu helfen wissen.

Bei der Lektüre von Falladas Buch »Der Trinker« hatte ich paranoide Anfälle. Ich glaubte plötzlich, die Anhänger von Brecht, Benn und Thomas Mann hätten sich verschworen, um den größten deutschen Schriftsteller des Jahrhunderts, Hans Fallada, in den Hintergrund zu drängen. »Der Trinker« ist in meinen Augen ein Meisterwerk, auch weil es von einem Trinker geschrieben ist, ohne dass es das geringste Merkmal einer Säufersuada enthält. Aber es ist nicht nur die diskursive Distanz zum Inhalt, eine handwerkliche Notwendigkeit, die den Text bestimmt. Der Text enthält auch die wichtigste Spannung, die das Verhältnis von Literatur und Alkohol für alle Menschen bedeutsam macht: Im Laufe der Geschichte haben Philosophen und andere Leute aus der

Vielfalt der Möglichkeiten herauskristallisiert, wer oder was der Mensch ist. Ja, ich glaube, der Mensch ist – irgendwie – ein für sich selbst verantwortliches Wesen. Er ist nicht nur von moralischem Ernst erfüllt und getragen, nein, er ist, wenn die Situation es erfordert, auch heiter, um sein Dasein und die Schöpfung zu loben. Kein Kult der schlechten Laune. Gelassenheit ist eine seiner Optionen. Er hat nicht nur einen klugen Kopf, sondern auch intelligente Gefühle. Er ist liebesfähig und er ist arbeitsfähig. So ein Mensch denkt und trifft Entscheidungen. Er ist souverän, er ist Frau oder Herr über Theorie und Praxis. Die Trinker sind nicht die Ersten, aber auch nicht die Letzten, die daran erinnern, wie prekär dieses Konzept ist.

Die einfachste Art des Verhältnisses von Literatur und Alkohol besteht darin, dass ihr die Trunksucht unbedingt *ein Thema* ist. Über die Rolle des Alkohols im kreativen Prozess kann man Vermutungen anstellen, aber dass ihr der Trinker ein Thema ist, definiert die Literatur. Falladas Kunst, mit dem Thema fertig zu werden, ermöglicht ihm, an keiner Stelle das Trinkerselbstmitleid inklusive des einschlägigen Größenwahns zu propagieren. Fallada denunziert aber auch die Trinkerexistenz nicht, verkauft sie nicht an das Ideal vom souveränen Menschen, und doch ist es dieses Ideal, das im Text unterschwellig dabei ist. Diese wechselseitige Durchdringung der Souveränitätsutopie mit der Abhängigkeitsrealität zeigt die Trunksucht als Menschenmöglichkeit, weniger verächtlich, eher schon heilig, weil das Leid und die Verworfenheit ein gewichtiges Wort dabei mitzureden haben, wer oder was Menschen sind.

Ich habe versucht, diese Überlegungen so wenig wie möglich mit den berühmten Trinkerbiografien aus der literarischen Welt zu illustrieren, mein Herz schlägt auch für die anonymen Alkoholiker. Aber nicht zuletzt bei dem berühmten Joseph Roth lassen sich lehrreiche Zeugnisse für eine menschenmögliche Schwäche finden, die in den Augen des Schwachen durch keine noch so souveräne Leistung auf dem Gebiet, auf dem er sich als Spezialist bewährt hat, wettgemacht werden kann. Dass Joseph Roths Frau, schreibt sein Biograf Bronson, »von einer Geisteskrankheit heimgesucht wurde, erscheint wie eine Bestätigung von Roths Glauben an eine verborgene, aber immer lauernde Tücke im Leben, denn nichts war so sehr angetan, ihn, dessen eigener Vater in geistiger Umnachtung gestorben war, zugrunde zu richten. Als er bei seiner Lektüre über die Psychiatrie von der Erblichkeit der Schizophrenie erfuhr, fing er an, sich den Kopf darüber zu zerbrechen, ob er auch an Schizophrenie erkranken könne, und die Angst vor dem Wahnsinn brachte es mit sich, dass er noch mehr dem Trunk verfiel.«

Das lenkt die Aufmerksamkeit auf eine allseits bekannte Seite der Trunksucht: seinem Leben nicht gewachsen sein, und wenn der Schmerz, die Angst intensiver werden, die Dosis erhöhen. Die Sucht ist eine Abwendung vom Leben, mit dem man sich nicht auseinandersetzen kann, weil es so gestaltlos hässlich und so sehr nichts als Angst verursachend wahrgenommen wird, dass man mit seiner Bewältigung nichts mehr zu tun haben möchte. Das mag eine Schwäche sein, unverzeihlich in manchen Fällen, es ist aber für die Kultur, in der wir leben, *eine* (gewiss nicht die einzige) Voraussetzung für die sogenannte Kreativität, die von vielen angeblich gewünscht wird. »Omnes ingeniosos melancholicos esse« hat Aristoteles gesagt, und Cicero hat es ins Lateinische übersetzt und zitiert. Die Trauer über die Welt erzeugt Worte und Bilder, die weniger vom Mitmachen abgeschliffen sind: Sie können in ihrer Wahrhaftigkeit überdeutlich, das heißt: angemessen deutlich für die chronisch Unaufmerksamen werden, und schließlich: Ist nicht die Welt *auch* so, dass sie tatsächlich unerträglich ist?

Alle verbessern alles zu jeder Zeit, allein die Melancholiker, die aus dieser Emsigkeit ausgetreten sind (und die deshalb nicht selten beschimpft und als gefährlich eingestuft werden), leisten keinen, wie es heißt, »Beitrag«. Ihnen fällt die Welt im Ganzen auf den Kopf, und von denen, die das Gewicht der Welt nicht tragen können, werden einige, Frauen oder Männer, Säufer. Als Säufer delegiert man die gesamte Person, so weit es geht, an den Suchtmechanismus. Es geht darum, die Realität auszuschalten und an die Stelle ihres Absolutismus einen Ablauf zu setzen, der niemals innehält, der dauert und dauert, und sei es nur während eines Quartals. Die Disziplinierungen, mit denen alle Welt und die Trinker sich selber drohen, helfen nicht, man ist dem Trunk *verfallen.* – Der von mir zitierte, ja beschworene Intellektuelle und Dichter, einer der wenigen Österreicher mit Charisma, war am Ende seines Lebens mit Vorliebe Büdchensteher – das heißt, er stand, um mit seinesgleichen zu saufen, an einem Bahnhofskiosk seiner vermaledeiten Geburtsstadt, vermaledeit, auch weil sie ihn nie losgelassen hat und er nie aus ihr wirklich hinausgekommen ist. Ich nenne das einen Grund zu trinken, aber es gibt natürlich den Grund nicht, den Grund als unwiderstehlichen Verursacher. Die Rhetorik der Süchtigen lebt am besten im Ausweichen vor jeder Anforderung, kein Süchtiger zu sein. Ursache, Schuld – ich war's nicht, aber (so gehört in der Fernsehsendung »Im Zentrum«) die Lebensmittelindustrie, sie wirft ihr fettes Zeug auf den Markt und profitiert davon, dass ich immer fetter werde! Die skurrile Überhöhung der eigenen Unschuld wird im Lichte des lippenschleckenden Triumphes (so gesehen in der Fernsehsendung »Im Zentrum«), dass zu Hause die Grammelknödl auf dem Herd stehen, fragwürdig.

Ein Betrachter einer Sucht von außen tut vielleicht gut daran, wenn er den Anteil der Welt am Einzelschicksal miteinkalkuliert. »Die-selber-Schuld«-Rhetorik dem Unglück anderer gegenüber ist eingebürgert und daher umso mieser. Aber die Tricks, es nie selbst gewesen zu sein, weil es ja die ganze Welt und dann auch noch die Gene waren, sind leicht durchschaut. Die Sucht entmachtet den Willen, klar, ich behaupte aber, dass es einen Willen zur Sucht gibt. Im Sog, den die Sucht entfaltet, scheint dieser Wille untergegangen, aber genau darin ist er enthalten, in der Wucht, mit der es passiert. Es ist ein merkwürdiger Wille; er demonstriert, wie ja auch der Heldentod, dass nicht für alle Menschen die Selbsterhaltung die oberste Regel ist. Dass Selbstzerstörung weniger ins Gewicht fällt als das nächste Glas, ist die Botschaft des Trinkers, wenn er die Sauferei nicht gerade bereut. Ja, es gibt den selbstbewussten Trinker, der der nüchternen Masse und ihren kleinlichen Sorgen (um sich selbst und um ihn) Hohn spricht.

Der wunderbare Fotograf Lui Dimanche hat einst ein Plakat mit vier Porträts des Dichters Hermann Schürrer veröffentlicht. Ich zitiere es – irrtumsanfällig – aus dem Gedächtnis. Am ersten Foto hat der Dichter Schürrer den rechten Arm ausgestreckt. Sein Gesichtsausdruck ist ernst, Schürrer wirkt in meinen Augen auf diesem Bild wie ein Volkstribun. Am zweiten Bild sieht man ihn, mäßig lächelnd, ein fast geleertes Bierkrügel hochhaltend. Am dritten Bild endlich hält der Dichter lachend ein volles Krügel in der ausgestreckten Hand. Seine Augen bilden Schlitze, die Zähne sind gebleckt. Am vierten Bild schließlich lacht der Dichter nicht mehr mild, sondern wild. Sehr wild und ohne Krügel. Die rechte Hand liegt auf der Linken. Eine Hand hält eine Zigarette, sie ist angezündet. Der Betrachter sieht dem Lachenden in den Rachen. Der Lachende hat – ganz sicher vom Rauchen – einen schwarzen Belag auf der Zunge. Die Bilder auf dem Plakat sind jeweils mit einer Zeile aus einem Gedicht von Hermann Schürrer unterlegt. Das Gedicht lautet: »Ich hebe das Glas / und setze es ab. / Schwer oder leicht fällt der / Tod kaum ins Gewicht.«

Aber ins Gedicht fällt der Tod. Der Trinker lacht ihn aus. Das Plakat von Lui Dimanche – das ist die Legende vom unheiligen Trinker. Sie trägt den Titel: »In memoriam Hermann Schürrer« und erinnert nicht zuletzt daran, dass auch dieser Akteur nicht mehr lebt. Ich denke oft an einen anderen unheiligen Trinker, dessen hervorragende Eigenschaft sein Stolz war, und er, ein grandios polemischer Künstler, war zu Recht persönlich davon beleidigt, dass die Welt von Idioten in Gang gehalten wird. Sein Witz war scharf und sein Hass war unbestechlich. Er hatte am Anfang seiner Karriere einen deutschen Verleger, der eines Tages das Arbeitsverhältnis kündigte – nicht ohne den Hinweis, der Dichter möge doch endlich seinen Alkoholkonsum mäßigen. Doch davon konnte keine Rede sein, dieser Dichter trank selbstbewusst, ohne das geringste schlechte Gewissen, das man an »Alkoholikern« wahrscheinlich gerne festschreibt. Es ist nicht lange her, dass er eines schweren Todes gestorben ist. Als wir junge Männer waren, duldete er mich eine kurze Zeit als verehrenden Freund, und deshalb weiß ich auch eine Geschichte von ihm, die ich nicht so recht interpretieren kann: Für eine außereheliche Liebesnacht besuchte der Dichter eine junge Frau, die in ihrer Mietskaserne im vierten Stock zu Hause war. Als Trinker musste er Vorsorge treffen, und er füllte einen Rucksack mit Bier und Schnaps, mit einer solchen Menge, die aufgrund seiner weisen Voraussicht ausreichen musste. So schritt er – in meinen Augen ein Sisyphus – schwer beladen, Stufe um Stufe, in die Höhe. Es geht ums Glück und er ging ums Glück. Oder wäre es richtiger, es nüchtern zu sehen, dass eben ein Trinker umständliche Maßnahmen ergreifen muss, um nicht in den Entzug zu geraten?

Es hat mit Glück zu tun und damit, dass nicht jeder Mensch mit dem Glück glücklich ist, das es auf Erden gibt. So etwas nennen die Pfaffen Hybris. »Ich lehne mich zurück«, sagt Falladas Trinker, »ich schließe die Augen – wenn ich jetzt noch etwas zu trinken hätte, würde ich ganz glücklich sein. Irgendetwas fehlt immer am menschlichen Glück, ganz zufrieden werden wir nie.«

Peter Strasser **Kein Tag ohne Erleichterung** Unruhe bewahren

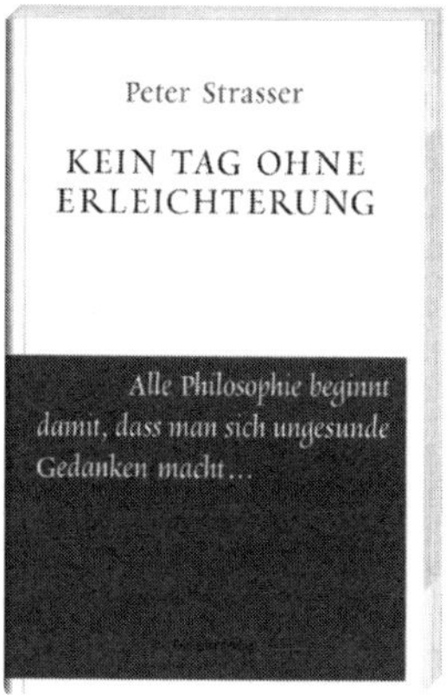

Alle Philosophie beginnt damit, dass man sich ungesunde Gedanken macht. Dabei ist unser Philosoph kein freischaffender Irrwisch. Nein, er ist Beamter und lebt in einer bescheidenen Beamtenwohnung, im bereits historischen Status der Pragmatisierung. Als solcher wird er nicht müde, den jungen Menschen das Wesen seines Faches zu vermitteln: »Philosophieren heißt, sich erleichtern lernen!« Mit seinen Wegbegleitern, dem Vollmops Paul, den Meerschweinchen Fritzi & Fratzi und seinem Freund, dem Trottel, stolpert unser Liebhaber der Weisheit durch das Leben, verzittert, aber fest entschlossen, den täglichen Weltuntergängen die Stirn zu bieten.

Peter Bieri **Wie wollen wir leben?** Unruhe bewahren

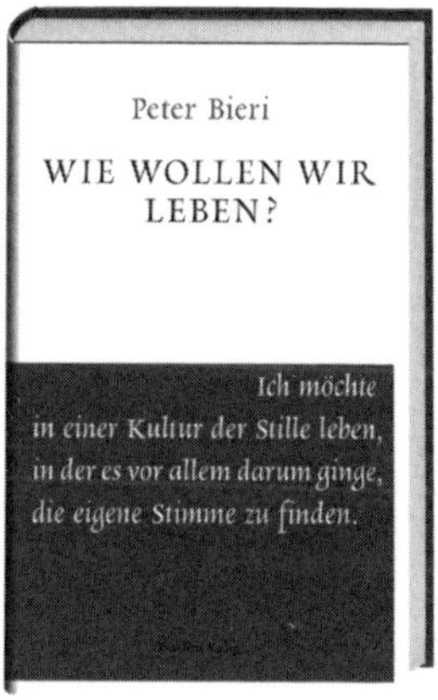

Wir wollen über unser Leben selbst bestimmen. Davon hängen unsere Würde und unser Glück ab. Doch was genau bedeutet das? Unser Denken, Fühlen und Tun ergibt sich aus den Bedingungen einer Lebensgeschichte.
Was heißt es, dass wir trotzdem Einfluss auf unser Leben nehmen können, sodass es uns nicht einfach nur zustößt? Was für eine Rolle spielt dabei Selbsterkenntnis? Wann sind die Anderen eine Hilfe für Selbstbestimmung und wann ein Hindernis? Wie hängen Selbstbestimmung und kulturelle Identität zusammen? Und welche Bedeutung hat die Literatur für all das?